后浪

吴清源回忆录

以文会友

[日]吴清源 ◎ 著

陈翰希 ◎ 译

北京联合出版公司
Beijing United Publishing Co.,Ltd.

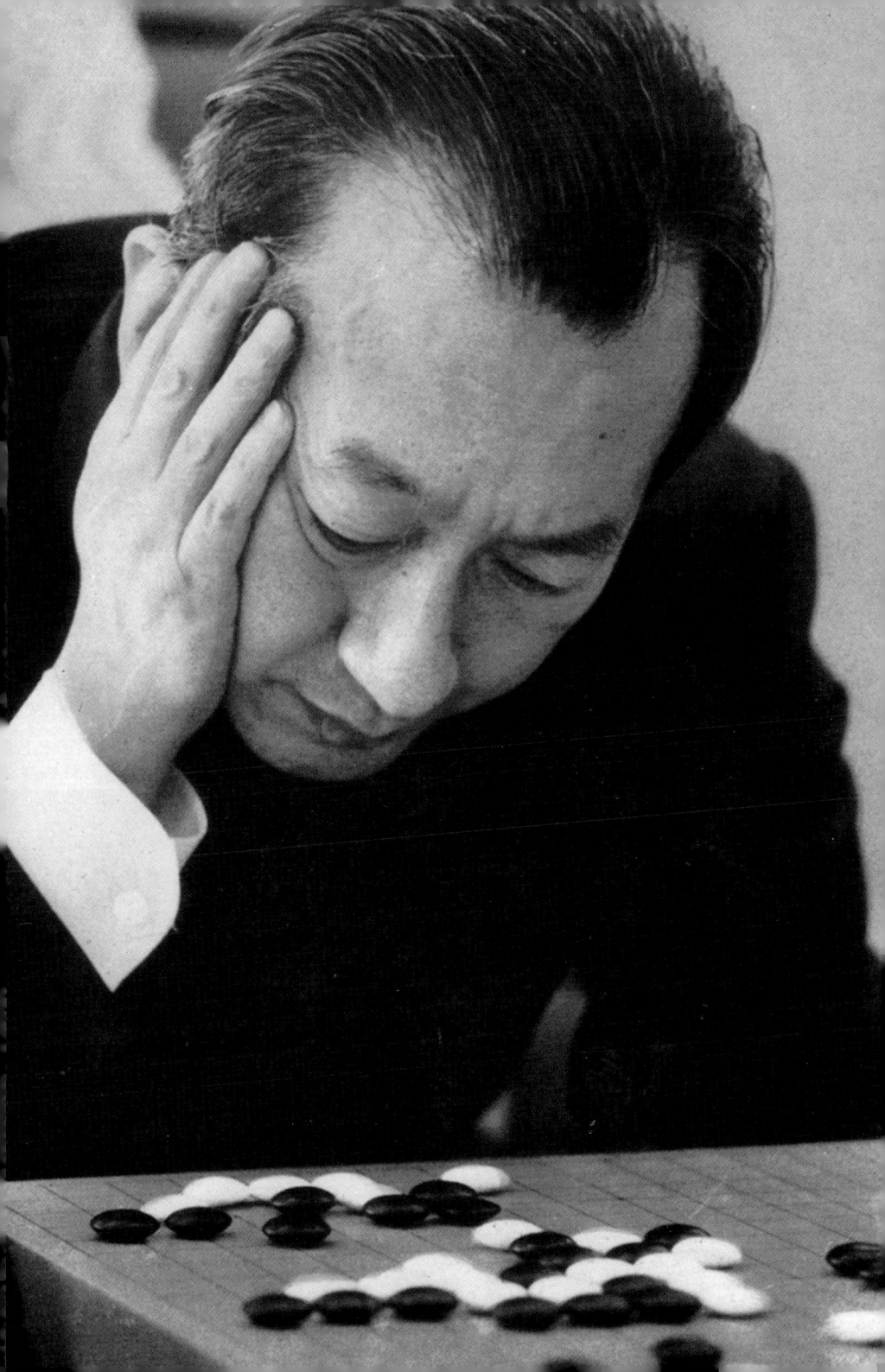

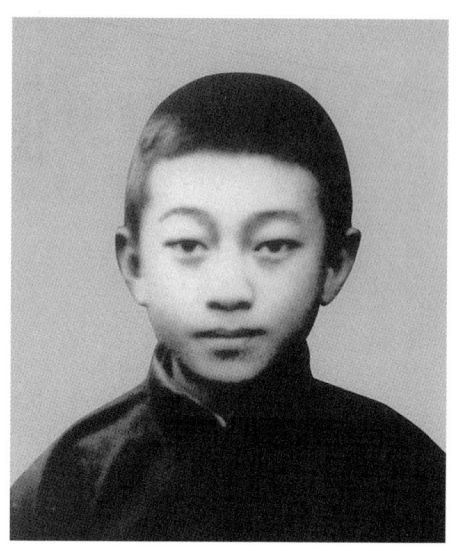

吴泉（1928年 北京）

曾赴日留学的父亲 吴毅

祖父吴维贞

前排左起：杨寿生、山崎有民
后排右起：山崎夫人、吴清源（北京）

前排左起：吴清源、桥本宇太郎
后排左起：山崎有民、山崎夫人、杨熊祥（北京）

赴日之前的少年吴清源
（右为山崎有民夫人澄子女士）

犬养毅（1855—1932） 　　　　　　　　段祺瑞（1865—1936）

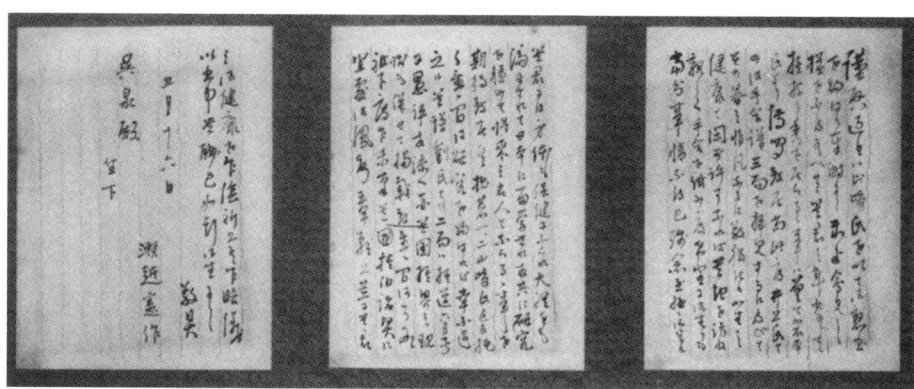

濑越宪作先生邀请吴清源赴日的亲笔信（1927年）

左起：山崎有民，隔一人为吴清源，再隔一人为长兄吴浣、吴母张舒文、吉田操子（1928年 葵花饭店）

左起：桥本宇太郎（四段）、吴清源（十四岁）、山崎有民、濑越宪作（七段）、井上一郎（三段）

欢迎少年吴清源的棋士及相关人员
左起：铃木为次郎（七段）、宫坂采二（六段）、八幡恭助、久保松胜喜代（六段）、山崎有民、濑越宪作（七段）、吴清源（十四岁）、本因坊秀哉名人、加藤信（七段）、岩佐锉（七段）、岩本薰（六段）、胡桃正见（三段）、吴浣（吴清源长兄）、桥本宇太郎（四段）、林有太郎（六段）、福田正义（五段）、长谷川章（五段）、喜多文子（五段）（1928年10月 日本棋院正门前）

与名人秀哉下测试棋
（1929 年 日本棋院）

吴清源对井上一郎
（1930 年 12 月 日本
棋院特选临时棋赛）

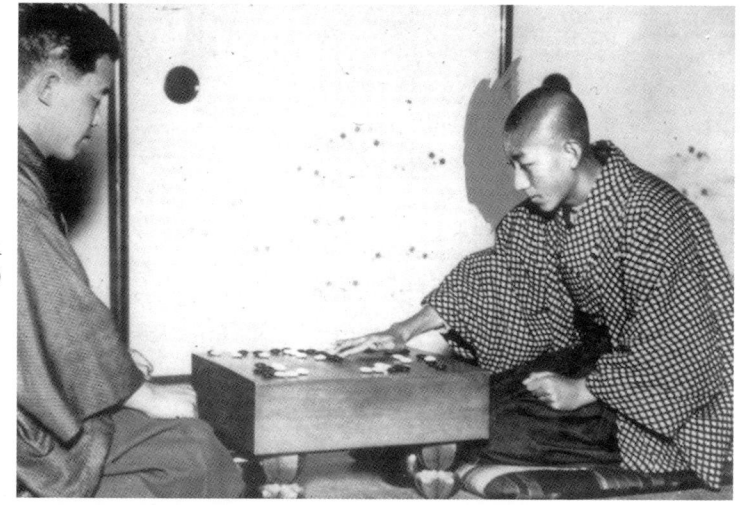

送长兄吴浣赴任，
横滨的船上
后排左起第二人
为吴清源，前排
最右为濑越宪作，
后排最右为桥本
宇太郎（1931 年）

吴清源和木谷实（1933年地狱谷温泉）

左起：吴清源、安永一、木谷实

吴清源到神户迎接二哥吴炎（1935年）

左起：吴清源、吴母、长女吴清仪、三女寄子、次男吴炎、次女吴清英（1936年）

新婚时期的吴清源夫妇

名人引退棋开赛仪式 木谷实（左）和本因坊秀哉名人（右）（1938年芝 红叶馆）

木谷实对吴清源 镰仓十番棋第一局（1939年 镰仓建长寺）

吴清源与川端康成（右）(1939年 伊豆)

桥本宇太郎对吴清源 第一次十番棋
左数第二人起：多贺谷信乃、山田虎吉、吴清源、桥本宇太郎、藤田梧郎、洼内秀知（1946年 神户六甲 藩半）

对岩本薰十番棋第一局
（1948年7月 东京小
石川 红叶旅馆）

吴清源与濑越宪作
（中）及岩本薰（右）
（1948年）

日本棋院总裁津岛寿一
为吴清源颁发九段证书
（1950年 日本棋院）

箱根仙石原"读卖庄"家中
（1950年前后）

与桥本宇太郎的第二次擂争十番棋第二局（1950年8月 滨名湖观光酒店）

吴清源对藤泽库之助每日新闻四番棋第二局（1951年 福冈县柳川市 花旅馆）

吴越同舟的一刻
（右为藤泽库之助）

十番棋第一局对局之前右起第二人为吴清源，左起第二人为藤泽库之助，最左为濑越宪作（1951年 日光轮王寺）

与藤泽库之助开始十番棋第一局（1951年 日光轮王寺）

对藤泽库之助的擂争十番棋第三局（1951年12月）

左图：对局前同泡温泉的吴清源和藤泽库之助（左）（1952年 吴清源对藤泽库之助十番棋第七局 福岛县饭坂温泉）

下图：对藤泽库之助的擂争十番棋（1952年 饭坂温泉花水馆）

右为长兄吴浣,中间为受读卖新闻委托的多贺谷信乃,左为吴清源(1952年)

在台湾受欢迎
左起:多贺谷信乃、吴清源夫妇、本田幸子(当时为初段)(1952年8月)

被授予"大国手"勋章
(1952年 台北)

左起：白崇禧、少年林海峰、周至柔、吴清源、吴浣、吴清源夫人

右起：应昌期（时任台湾围棋会干事）、吴清源、周至柔（时任台湾围棋会理事长）、林海峰（时年十岁）（1952年 台湾）

与时年十岁的林海峰下让六子的测试棋（1952年 台北）

吴清源与母亲张舒文

吴清源对坂田十番棋第一局 对局双方放松休息（1953年 东京四谷 福田家）

对坂田荣男十番棋第六局（1954 年 4 月 富士山 清风庄）

与高川格的擂争十番棋第四局 因停电而借烛光继续鏖战（1955 年 10 月）

长子吴信树诞生（1956年1月）

在犬吠崎灯塔附近散步的吴清源和高川格（1956年吴清源对高川十番棋第七局）

前排左二为吴清源，左三为梅兰芳（1956年）

第二次世界大战后第一次最强战中时隔十四年再次对局的木谷实和吴清源，中央为藤泽朋斋
（1957年 东京四谷 福田家）

第一期日本最强战（1958年4月 东京四谷 福田家）

与本因坊高川秀格的三番棋第二局（1960年2月）

吴清源对坂田荣男朝日新闻三强循环圈赛（遭遇车祸前十一天、1961年8月5日 热海 石亭）

吴清源对大竹英雄
（1963年 吴清源与新锐
选拔淘汰赛冠军对局）

第二期名人战循环圈
赛（读卖新闻主办）
中与藤泽朋斋对局
（1963年5月 伊豆山）
（因车祸导致腿部伤
痛，吴清源坐在沙发
上进行对局）

第三期名人战循
环圈赛（读卖新
闻主办）中与藤
泽秀行对局（1964
年7月 大仓酒店）

与坂田荣男（右）对局

与弟子林海峰（右）放松休息

木谷实（左）和吴清源
观战者为木谷一门
（木谷道场）

观战坂田荣男与藤泽秀行的对局
左起：藤泽秀行、川端康成、吴清源，前排最右为坂田荣男

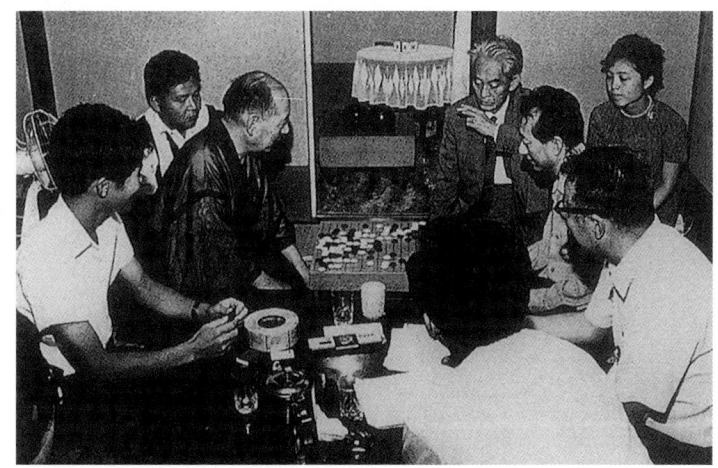

木谷实对吴清源
左起：大竹英雄，隔一人为木谷，右后起：礼子、吴清源、川端康成

观战藤泽秀行（右）与桥本宇太郎的对局

木谷实和吴清源观看坂
田荣男对林海峰名人战
第一局的局后分析
(1967年8月 东京四谷
福田家)

名人战 林海峰（右）
和坂田荣男（左下）
最左为吴清源

林海峰名人本因坊就
位庆祝会（藤田梧郎
主持 1968年 京都塔
酒店）

中部读卖围棋节
（1970年前后）

吴清源与林海峰（左）
（1972年1月）

吴清源在正式宣告隐退仪式
的纪念联棋上思考下一手
（1984年 大仓酒店）

吴清源(1980年9月)

本因坊秀哉（1874-1940）

雁金准一（1879-1959）

岩本薫（1902-1999）

桥本宇太郎（1907-1994）

坂田荣男（1920-2010）

木谷实观看弟子们对局

木谷实夫妇与弟子们

吴清源同妻子及二哥吴炎第二次重返旧居（1988年 北京）

前排左起：牛力力、王汝南、吴清源
后排左起：王谊、刘小光、周鹤洋、王磊、丰云、常昊、俞斌
拍摄于"富士通杯"比赛期间（1997年）

左起：钟阿城、寺本忍（吴清源经纪人）、吴清源、田壮壮、牛力力、李小婉（2000年12月）

左起：田壮壮、吴炎、吴和子、吴清源、吴信树、牛力力（2002年10月）

左起：寺本忍、陈国兴、吴信树、陈逸飞、牛力力、何平、吴炎、田壮壮、吴和子、韩三平、吴清源、冯小刚、葛优、姜文、刘小淀（2002年10月）

电影《吴清源》日本发布会
后排左起：张震、牛力力、田壮壮

《吴清源回忆录：以文会友》出版献词

我们这一代棋士，都未曾享受过一帆风顺的围棋生涯。在我立志成为职业棋士而踏入棋界时，棋士的社会地位非常低，即使是职业棋士，也只有极少数人能靠比赛来维持生计。日本以中日战争为开端，此后又卷入了太平洋战争，我们因此不得不在战争中与战败后尝尽辛酸。虽然只是棋士，但我们在艰辛的岁月中砥砺前行，方才换来今日棋界的繁荣局面，这绝非易事。

我在日本出生、长大，却也度过了动荡坎坷的棋士生涯，而吴清源先生本在动乱的中国长大，来到日本后，更是必须在异国他乡的战乱中艰苦求生。这实在是波澜万丈而不同寻常的人生。

吴先生天赋异禀。他从儿时便开始自学围棋，十四岁来到日本时，已经具备接近一流棋士的棋力。我们两人都是濑越老师的门生，他是我的师弟。在他渡日前夕，濑越老师授意我前往中国，和他进行了两场测试对局。虽然是让先，但吴先生两局都赢了。在我去之前，他也曾和井上孝平五段对局，濑越老师看到那份棋谱后惊叹道："这简直就是青年时代的本因坊秀策！"而与他对局之后，我也的确觉得他是横空出世的天才。

来到日本后，吴先生果然没有辜负大家的期望，棋力迅速增长，不久就超过了我。此后，他与木谷先生一起以新布局为棋界送来了新风。众所周知，从镰仓十番棋开始，他在战前到战后的擂争十番棋中，打败了当代所有一流棋士。就连我自己，也在这十番棋战中惨败于他。

回顾往昔，吴先生作为棋士留下了出类拔萃的成绩，赢得了万众瞩目。可以说，吴清源才是为当今棋界的繁荣立下最大功劳的人。

然而，比起作为棋士的赫赫声名，吴先生的人生却极为坎坷曲折。这是因为他不只专注于围棋，同时也在宗教上拥有另一面的人生。吴先生的外表安静平和，但他的内心却隐藏着炽热的情感。坚定的信仰培养出吴先生纯净无私的人格，这令人联想起长年在禅房里修行的高僧。

如果将吴先生超凡的棋力与高洁的人品合起来看，那他真是实至名归的"昭和棋圣"。我为自己能有这样的同门师弟而感到自豪。

如今，吴清源的回忆录即将出版，这对于日本围棋界也将是意义深远的事。

此书是一位天才棋士在异国他乡、在动荡的昭和年代里独自拼搏而存活下来的鲜明记录。他那从不轻易妥协、无论到哪里都忠实于自身信念的人生，定然会深深震撼读者的心灵。

桥本宇太郎
昭和五十八年十二月（1983 年 12 月）

目 录

《吴清源回忆录：以文会友》出版献词 桥本宇太郎　1

第一章　渡日之前　1

福建省／我的出生／北京／父亲的教育／父亲离世／
段祺瑞大总统／结缘日本

第二章　新布局的青春　23

初到日本／模仿棋／参加升段赛／西园寺公毅先生／新布局的诞生／
三三·星·天元之局／入日本籍／上海、青岛、"满洲"之旅

第三章　加入红卍字会　53

回天津／加入红卍字会／富士见疗养院／回忆川端康成

第四章　胜负与信仰——两条道路　73

生死对决·擂争十番棋／镰仓十番棋／本因坊战／红卍字后援会／
我的婚姻／两次擂争十番棋／东京大空袭

第五章 流浪的岁月 111

流浪之始/玺宇的生活/麦克阿瑟事件/与桥本八段的十番棋/
丧失国籍/金泽事件/八户事件/诀别玺光尊

第六章 接连不断的十番棋 155

借宿杉田/"脱离日本棋院"的真相/晋升九段/箱根仙石原/
养马的梦想/以棋士生涯为赌注的十番棋/应邀访台/
少年林海峰/与坂田八段的擂争十番棋/最后的十番棋

第七章 名人战以来 193

与梅兰芳重逢/缓一手劫的问题/从最强战到名人战/战后的红卍字会/
命中注定的摩托车事故/车祸后遗症/离开读卖棋赛/
与日本棋院的纠纷/美国之旅/母亲离世和入籍日本

第八章 以文会友 223

中日围棋交流/围棋的国际化与规则问题/关于定式/
追忆木谷实/文武两道

吴清源年谱 245

译者后记 253

第一章

渡日之前

福建省

  我出生于福建省闽侯县土埕的吴家。我的家族在福建当地世代经营盐业买卖。清朝时,家族里出了很多高官。

  盐业专卖是朝廷委任的官职,生意的规模很大。家中买卖遍及整个福建省,甚至远涉台湾。在一百年前我祖父的时代,一年的利润能有几十万两白银。吴家因此相当富裕,与陈、林、沈家并列为福州的四大名门。

  我的祖父辞去道台①一职后,便继承了盐业专卖,生意持续到辛亥革命后清朝灭亡为止,规模相当大。

  福建省远离北京,朝廷鞭长莫及,沿海地区自古就海盗猖獗。吴家需要向台湾运盐,为了避免船只被海盗劫持,祖父平日里与海盗头目有来往。海盗常会传信来说:"在某日某时某地放某个数目的钱。"祖父按照指示放钱后,钱在第二天就会被海盗拿走,而船只的安全也有了保障。这对于出钱的一方来说,好比是过路钱。祖父也曾受海盗邀请而前去赴宴。来接应的人蒙上祖父的眼睛,把他送到宴饮之地,祖父受到极为丰盛的款待后,又被蒙着眼睛送回家。那是个豪迈而豁达的时代,与现在不同。

  祖父名叫吴维贞,爱好十分广泛。他从日本订购了菊花苗,

---

① 道台,清代介于省和府之间的地方长官。

每年都养出大朵盛放的菊花。他还会做各式各样的笔、墨,甚至连印泥也亲自动手做,并且时常奏刀篆刻。我至今都保留着祖父做的印泥,用于落款后的钤印。

虽说我出生于福建的吴家,但生后一百天便离开了家乡,所以并没有在福建家中生活的记忆。但我在儿时曾看过照片,记得照片上的园子里有很大的池塘,上面还泛浮着几艘小船,院落想必很大。

我的外祖父名叫张元奇,也出生于福建省,是清末的一位重臣。他闯过科举的难关,历任各种官职,最后升上了御史的高位,真是如同励志故事里的人物。御史是负责向皇帝进谏的重要官职,光绪帝被幽禁后,进谏的对象就转为西太后慈禧。多年以后,吴家的祖母还时常给我们孙辈讲外祖父张元奇的故事,其中经常提到慈禧。

据说慈禧太后非常好看。外祖父张元奇任职当时,慈禧年事已高,但怎么看都不超过三十岁。外祖父等高官们为了写有关政事的奏折,天亮前就得起床,沐浴洁身后,用小楷一个字一个字地认真写,写错一个字就必须从头重写。总之非常麻烦。奏折写成后呈上朝廷,慈禧就在帘幕后面看,现场一一裁决。裁决非常快,而且直击要点,针对奏折内容的发问也很犀利,大臣们常常惊叹于慈禧的聪敏。

外祖父担任的御史一职,实际上夹在清末以光绪帝为中心的激进派和包含慈禧在内的保守派之间,是颇为难办的差事。后来,外祖父终于厌倦了在朝廷任职,此时正好遇到一件事,外祖父按理应向慈禧进谏,但如果这样做,显然会惹恼慈禧而遭贬职。外祖父当时反而希望被贬职，于是故意向慈禧进谏。不出所料，他被贬去浙江省做地方官。此后辛亥革命爆发、清政府倒台，中华民国成立后，外祖父作为徐世昌的心腹，继续在政坛活跃。最后他官至统辖东三省的奉天省省长，然后引退归隐。母亲年轻时曾跟随担任地方官的外祖父辗转北京、浙江、湖南、东三省、福建等地，后来常跟我讲述有关旅途的回忆。

我的父亲是吴维贞的末子，名为吴毅。我的母亲则是张元奇的长女，名叫舒文。两位祖父是同乡，并且相识甚早，交情也很深。不知从何时起，吴维贞对张家的女儿舒文格外中意，想让她嫁给儿子吴毅。而张元奇虽然子女众多，唯独最喜欢长女舒文，因而迟迟不肯应允，但到最后，他折服于吴家执着的热情，答应了这门婚事。父亲吴毅和母亲舒文于是在福建省喜结良缘。这时父亲十七周岁，母亲二十周岁，母亲比父亲大三岁。

我的出生

我出生于中华民国三年的农历五月十九日。民国三年是一九一四年，也就是日本的大正三年。出生地是福建省的吴家，我是继长子吴浣（字涤生）、次子吴炎（字景略）之后的第三子。本名为泉，清源是字。

我出生后，另有一位弟弟和五位妹妹相继出生。但弟弟和三妹、四妹都夭折了，所以在我之后，按照年龄大小，分别是清仪、清瑛（兰）、清桦三位妹妹。除却早逝的三位弟妹，我们六兄妹现在都已年过六十，虽然分散在中国的大陆、台湾以及日本、美国，所幸熬过了战乱和动荡的年代，全部健在。

说到福州，因为它地处中国南部，所以夏天傍晚经常打雷。我出生的那一年，雷阵雨尤其频繁。母亲儿时与外祖父一起生活，官邸曾遭雷劈，有过很恐怖的经历，自那时她就极其厌恶打雷，后来发展到稍有雷声就身体不适、卧床不起，甚至无法进食的地步。母亲因此营养不良，生我的时候身体非常虚弱。而雪上加霜的是，那年闽江泛滥，我出生之时正值洪水暴发，洪水侵入产房，母亲就在几张铺了棉被的八仙桌（像日本的麻将桌那样的长腿正方形桌子）上生下了我。据母亲说，当时鱼都跳进了我睡觉的房间。所以我的名是泉，字是清源，都与水缘分很深。不知是不是因为这个缘故，我的性格也是水胜于火。

母亲对打雷的恐惧终生都没能治好，来到日本后，也是稍有打雷就卧床不起。或许是因为在这种状态下出生的缘故，我从小就体弱多病，比起两位兄长，也更加沉默寡言，不怎么好动。

从鸦片战争起，欧洲列强就开始侵略中国，而到了父亲成年的那个时期，侵略更是变本加厉。清政府衰败，民间沦为乱世，吴家的盐业生意也不再顺风顺水。因此，祖父过世后，父亲和他的几位兄弟聚在一起商议，最后决定分掉家产，各自开拓道路。

于是在不久之后，我们一家就拿着分得的那部分财产，离开了我出生的故乡福州，朝着北京出发。

北　京

　　父亲二十二岁时，曾凭借母亲家亲戚的关系去过北京。在我出生之前，他还在日本留过学，不过只待了两年就结业回国，所以可能只是去念了某个大学的预科。至于他留学的目的和专业，我也并不很清楚，或许父亲只是想给自己增加一些留洋的背景。总之，他从日本带回来的书都是围棋书刊或棋谱，几乎没有与学问相关的。或许父亲在日本的时候，更热衷于围棋而不是学问吧。当时他好像经常去本因坊村濑秀甫创设的方圆社。

　　那时，中国在辛亥革命后成立了中华民国，但其实尚未实现全国统一。我们一家迁居的北京城，当时正处于北洋政府的统治之下，与革命政权完全无关。北洋政府以北京为中心，虽然黎元洪身为总统，但实权掌握在袁世凯派系的军阀手中，也就是段祺瑞为首的安福派（亲日）和冯国璋为首的直隶派（亲英美）官僚及直系军阀的集合，本质上依然延续着革命前的旧时状态。父亲对此心知肚明，但为了在北京落户，他前往相当于司法部的平政院就职。

　　我们一家于是在北京街市的一角安顿下来。住宅很宽敞，包括堂屋和距离堂屋稍远的厢房。堂屋中间有个大客厅，客厅两边各有两个房间，那里是家人们的起居室。离开堂屋略远处有两间厢房，每间都有三个房间，左边的三间是书库、书斋、会客间，右边的三间是休息室、棋牌室、餐厅。家中的佣人有门房、厨师、车夫、奶妈、女佣等十余人，每人都有各自的小房间。我们一家的生活是当时北京中产阶级的普通水平，并非特别奢侈。那时物价很便宜，佣人里奶妈的工钱最高，是四元，其余都是两元。只要有两百元，就足够我们全家一个月的开销了。

然而父亲的薪水一直被拖欠，最严重的时候半年只给一次，所以家里其实是靠着一点点变卖财产来生活的。

父亲这时很年轻，才二十多岁，向来性格耿直、刚正不阿。有次车夫向他索要高于约定工钱的小费，结果父亲动气和车夫大吵起来。当时，连我这个小孩都觉得多给一两个铜板就完事了，何苦争吵。

当时的政府机关极其腐败，除非有一个势力强大的后台，或者拿出可观的贿赂，否则无论多有能力都不会升为高级官员。依父亲的性格并不会去行贿，那时外祖父张元奇又已从政坛引退、势力淡化，所以父亲不可能在机关里出头。

父亲的教育

为了让我们三兄弟参加文官考试，父亲没送我们去念小学，而是很早就聘请了家庭教师，施行严格的私塾教育。这种教育的本质，其实等同于从前应对科举的备考。从简单的《三字经》《千字文》开始，到《大学》《中庸》等四书五经，再加上《唐诗选》《古文选》《左传》，基本都要全文背诵。

四周岁后，我就和哥哥们一起坐在桌前，每天从早到晚地学习，晚上甚至要学到将近十二点，任务非常繁重。父亲对我们要求极为严格，每天如果不完成布置的背诵任务，就会用竹板打手心，然后让我们继续背诵，直至深更半夜。母亲非常担心，有时会对父亲说："已经很晚了，算了吧。"但父亲却不会罢休。周日本是休息日，但往往不得不补上拖欠的学业，因此无法休息。我虽然最为年幼，学习任务却和兄长们完全一样，而我体质又弱，所以这实在是非常痛苦的一段时期。那时我得了肺病，每天都会咳出很多痰，但不知什么时候病症自然痊愈了。父亲每天都持续着这种斯巴达式的教育，直到我七岁半。

在我七岁时，不知为何，父亲开始信仰道教，每天都会去悟善社打坐。大概当时他对政府的工作已感到绝望，同时又受到亲戚的劝说，因而入教。父亲一旦喜欢上某件事就会痴迷成性，热衷书法的时候买来成堆的碑帖，喜欢小说的时候小说书在库房里堆到装不下。这次也一样，他马上成了忠实的道教信徒。

或许父亲终于发现，在这个完全看不到未来的动荡年代，让孩子们接受传统教育无济于事，所以他辞去了教授传统学问的老师，为大哥聘请了英语、数学等课程的家庭教师，让他准备中学考试。而对于我，即使完全不学习，他也不会说什么。这虽然是缘于父亲容易痴迷的性格，却造成了突如其来的巨大转变。现在想来，如果没有父亲的这种转变，我也一定不会作为棋士而东渡日本。

父亲自从开始去悟善社后，即使回到家中，也会在每天下午三点和晚上十点各打坐一小时。这段时期开始，他也跟我们几个孩子下军棋。

那时，父亲即便去上班也无大事可做，所以他时去时不去，把时间都花在军棋上，创出了很多新下法。这些下法被配上照片，登在了《北京晨报》上，结果大受读者欢迎。后来不知从何时起，他也开始教孩子们围棋，之后发现三兄弟里我对围棋的记性最好，便逐渐只花精力教我一人。

父亲首先教我规则，然后取出自己收藏的围棋书，每天都让我摆棋谱。此后我显示出对围棋的巨大兴趣，开始进一步学围棋，父亲于是腾出很多时间，从旁看着我研究棋谱。其实连我也觉得自己对围棋的记忆力不可思议，定式等等只要摆一次就全部记住，即使非常复杂也一样，从来都是过目不忘。这段时期里，我每天早晨九点开始摆棋谱，一直摆到将近夜里十二点。因为我实在太热衷于此，母亲很担心我的身体，曾经偷偷地把棋盘藏起来。

父亲刚开始给我看的是中国的棋谱，不久他拿出了从日本带回来的棋谱。后来，他还专门订购了日本方圆社的月刊《围棋新报》，我拿着这本刊物如痴如醉地学习。《围棋新报》合订本分为三册，一共有约六百局棋，此外还附有村濑秀甫的简短评语。书非常沉，第二、第三册尤其重，我每天都用单手托着书摆棋谱，久而久之，双手支撑重量的中指都被压弯了，至今还有些弯曲。

父亲虽然把棋谱给我看，但并不像现在的老师那样细心而认真地传授。他只是看着解说，告诉我下一个急所①。对于日本的棋谱，也不过是把日语的解说翻译出来，让我能听懂而已。实战对

---

① 急所，棋局里的要害之处。

局时，父亲会做我的对手，也会让我和他的围棋同好一起下棋。

不知为何，只要一学围棋，我就会沉浸其中，完全忘我。学到第三年时我九岁，已然可以和父亲对局较量。父亲的围棋其实并不很强，比以前的业余初段还稍微弱一些。

十岁的时候，父亲说要带我们出去下棋，便把我们三兄弟带去了北京当年唯一的围棋会所海丰轩。与日本的围棋会所不同，海丰轩的外侧是供应酒菜的食肆，内部才是下棋的地方。北京的围棋爱好者们经常聚集在那里押钱赌棋局，用赌金的十分之一支付席位费，父亲也是常客之一。当时的围棋名手，比如顾水如、汪云峰、刘棣怀等也经常出入于此。父亲便请这些人和我下棋，我记得当时受了五子，输赢已经忘了，但因为是第一次在外面下棋，所以至今都有记忆。

顺带一提，中国的棋盘和日本的有所不同，是用布做的，比日本的棋盘稍微大一些。另外，棋子的底部是平的，好比在球体直径的三分之一处切开，形状很像一只馒头。落子时是摆上去，或者把棋子推过去，不会发出像日本的棋子那样清脆悦耳的啪、啪声。中国的上等棋子是云南石，棋罐则是用黑檀制作。

父亲离世

一九二五年，父亲得了奔马痨，身体状况急剧恶化，咳血之后，过了两个月便撒手人寰。父亲去世时才三十三岁。当时我十一岁。

去世前几天，父亲将我们三兄弟召唤到枕边分配遗物。他把习字的拓本给了大哥吴浣，小说给了二哥吴炎，棋谱则都给了我。这其实也是遗言。习字的拓本和小说都是父亲极为钟爱的东西，多年来收集了很多，此前都保管在大行李箱中。

后来大哥从政，二哥从文，我则成了棋士。兄弟三人都走上了父亲期许的道路。

父亲即将离世时发生了许多事。其中令我印象最深的，是母亲为了让父亲免于一死，许下了一个"愿"。事情的经过如下。

父亲当时三十三岁，孩子们年纪还小，祖母仍健在。如果他在这时死去，对母亲来说，生活将变得异常艰难。于是母亲向神明许愿——"愿将三个孩子的寿命各减五年，分给父亲。"为了让神明听到她的祈求，母亲此后又做了许多交涉，但似乎因为前世的因缘，无论如何"愿"都不能实现，母亲的祈祷最终落空了。而父亲死后，却又必须撤回"愿将三个孩子的寿命各减五年"的愿望。于是遵照道教的做法，在黄纸上写下撤销许愿的意向，请王先生在父亲的灵前烧掉。王先生是父亲的朋友，也是主持葬礼的人。但在烧掉黄纸的当天夜里，他做了个神奇的梦。

在梦中，王先生坐在豪华的马车里，被带去了另一个世界。我的父亲站在那里，穿着纸做的华美衣服，身边的侍从也是纸做的人偶。那衣服和人偶都是和父亲的遗体一起火化的。父亲对王先生说："我还在修行，在我的灵前烧纸解愿也没有用。"随后告知了解愿的方法和应该写在黄纸上的文章。王先生在梦中为了不忘掉那篇文章，急忙吃下了"火枣"。火枣并不是真实存在的食物,但道教认为吃了它就可以防止遗忘。

早上起来后,王先生急忙在黄纸上写下了我父亲告诉他的文章。王先生本身并不擅长写文章,但此时写下的文章非常出色,完全就是父亲的手笔。我还记得这篇文章以"祖母、家慈在……"为开头。写完以后,他按照梦中父亲的嘱咐,把纸在灶神前烧掉。母亲的愿望至此才终于解消。

灶神不是直接掌管寿命的神,但似乎能向掌管寿命的神传话。掌管寿命的神是北斗真君。父亲临死之前,信仰道教的亲友曾聚在一起,为父亲向北斗真君祈求延寿。结果得到了"在洗脸池里放满水,一周之后看水面"的神谕。一周后,哥哥在水池里看到了一匹马卧倒的影像。但我去看的时候,却什么也没看见。

段祺瑞大总统

父亲的身体不断恶化。与此同时,段祺瑞、张作霖等亲日奉天派和吴佩孚为首亲英美的直隶派也在北京争斗不休。每逢军阀开战,我们就只得逃去位于天津英租界的外祖父别墅中避难。不过,在第二次直奉战争后,奉天派夺得实权,段祺瑞成了临时政府的大总统,北京也因此暂时迎来了安定。

说起来,这位段祺瑞将军极其喜欢围棋,经常让北京有实力的棋士们出入府邸。当时的中国并没有日本那样的职业棋士,但是有些人近似职业棋士。一些权贵会以聘请秘书或短期雇佣为名来聘用这些棋士,让他们出入于府邸。这些棋士便陪客人们下棋,或是接受有钱棋迷的赏金,以此维持生计。

当时中国围棋第一人——顾水如先生也往来于段祺瑞将军府邸。我虽然只是个孩子,但舆论对我的围棋评价很高,顾先生因此把我举荐给了段祺瑞。自此,我便开始出入于段祺瑞的府邸,并以学费的名义,每个月领取一百元赏钱。那是父亲辞世后不久的事。

随着父亲的去世,家里失去了收入来源,但无法过多依靠亲戚支援,只得变卖家产。虽然也解聘了不少佣人来节省开支,但仍难糊口,大哥走投无路,已然开始转卖父亲传给他的拓本。因此,我每月一百元的学费就成了支撑家中生计的重要收入。

我不知道顾水如先生为什么把我介绍给段祺瑞,或许是因为他曾听李律阁先生说起我。顾水如先生当时也在李律阁经营的赛马场里下棋。

李律阁先生是我姨母的丈夫,也就是我的姨父。他很有经商的手腕,因此资产雄厚。他的兄弟李择一受到安福派的委托,从长崎的三菱造船厂购买过两艘军舰,"九一八"事变后签署塘沽协定时,李择一也作为中方代表一同出席。李家为段祺瑞、张作霖等亲日派北洋军阀提供了丰厚的资金。段祺瑞将军在大正七年(1918)招待方圆社的广濑平治郎、岩本薰先生时,资金方面也主要是依靠王克敏和李律阁。我的这位姨父打麻将也很出名,关于这个,我有段难忘的经历。

那天我因为有事,早上就去了姨父家。姨父当时正好刚刚回到家,不知为什么非常高兴。我于是问他,他说自己和张作霖及其手下打麻将,不多不少输了五十万元。去的时候就打算输五十万，没想到居然输得和预定金额一模一样。"这比赢五十万要难得多，很厉害啊！"姨父颇为得意。当时的五十万元等于现在的几十亿日元，对此豪言壮语，我实在吃惊不小。过了一阵子，又听说这其实很合算。姨父输给张作霖五十万元，但几乎免费得到了北京郊外几万亩的农用地"南苑"。输掉的五十万元是很体面的贿赂，这样的事在当时的中国司空见惯。

这个包含赛马场在内的大农庄"南苑"，于昭和十七年（1942）被日本军接管。接管当时我正好在北京，恰巧在李律阁家中，虽说只是偶然，但也真是不可思议的缘分。我那时因为红卍字会而游访中国，正好有空闲去拜访李律阁。我们聊到他和王克敏接待日本棋士的往事，交谈甚欢。正在这时，几位将校级日本军官突然进来了，召唤李律阁一起去二楼谈事。过了一会儿，李律阁板着脸走下楼，我凭直觉感到"这是被接管了"。果然不出所料。

言归正传。段祺瑞将军有个习惯，每周日早上六点，他就会出现在府邸，和雇佣的棋士们下棋，有时也旁观棋士们对局，此后便和大家共进早餐。从我家到段将军府上，坐人力车也要耗费一小时以上，所以每逢周日，我必须在天还没亮时就出门。

段将军下棋非常快，直觉也很好，按照现在的标准，他的棋力有业余县级[①]代表的水平。但他的自尊心是常人的数倍，因此非常好胜。手下的棋士们为了不触怒他，都会让他赢棋。段将军的下法基本是固定的，从序盘开始互相围空，进入中盘，围空差

[①] 日本的"县"在行政划分上等于中国的"省"。

不多已经完成时,他就"咚"的一下打入对方的阵营,活一小块。段将军称此为"公园里建小房子"。对手因为顾忌将军的面子,既不会吃掉打入的棋子,也不会打进将军的地盘,所以将军自然是赢家了。

我只有一次被指名和段将军对弈。当时我只是个孩子,谁也没告诉过我不能赢将军,所以我完全没有顾虑。对局由我放了两子以后开始。段将军平时的下法就很蛮横,那天也依然如故。而我专心于拼命追白棋,丝毫没有注意到将军的脸色,理所当然地几乎全部吃光了棋盘上的白棋。据说当时在周围观看的人都替我捏了一把汗,但我专注于下棋,对此完全没有察觉。将军最后终于投子认输,退入内室,一整天都没再露面。结果我被顾水如先生批评了一顿,按惯例提供的早餐也没有出现,只好饿着肚子回家,真是倒霉。大正七年(1918),年仅十七岁的岩本薰访问中国,他同段将军对局的情形大概和我差不多,恐怕也被广濑老师斥责了。

总之,段将军此后再也没有指名让我和他下棋。但到了月末,我申请一百元学费时,将军依然分文不少地给我了,这一点还是很有肚量的。

战后受邀访问台湾时,我听到了一个关于段将军下棋的传说。将军有个儿子叫段宏业,围棋非常强,某天他受将军召唤,坐车来到府邸。将军见了儿子,就马上让儿子和自己下棋,儿子毫无顾忌地下赢了父亲。不料将军大怒,厉声骂道:"你除了下棋什么都不会!给我滚!"明明是自己叫儿子来的,转眼间就赶走了。

我在段将军身边只待了一年不到。此后他在政坛落马,我也因此失业，一家人不得不再次回到艰苦的生活。

几年前，住在天津的二哥时隔四十四年重访日本。聊得兴起时，我记得二哥说："现在段祺瑞在中国被认为是镇压抗日独立运动[①]、帮助日本侵略中国的人，因此恶名昭著。他唯一做过的好事，就是为吴清源东渡日本提供了援助，让他的天分得以施展，因此为中日友好做出了贡献。"

结缘日本

北京有三个在清朝时营造的公园，分别是北海公园、中央公园[②]、南海公园[③]。当时的北海公园和中央公园有一部分场所对外开放。其中，北海公园的"漪澜堂"、中央公园的"来今雨轩"都设有棋馆。北京的围棋爱好者们大都聚集在这两家店里。喜欢围棋的富豪们时常会提供奖金和奖品，让有实力的棋士们自由参加对局，以赢棋来争夺奖金奖品。

段将军落马后，我就经常往来于棋馆，连战连胜，赢了不少奖金和奖品。《北京晨报》刊登了一幅很大的照片，上面是我抱着成堆的奖品。报上将我描述成围棋天才，我于是在北京城出名了。

那时有一位名叫林熊祥的人，他是林家族长的弟弟。林家原先和吴家一起做盐业买卖，迁去台湾后也很成功，台湾林家因此

[①] 当指学生爱国运动。
[②] 现已更名为"中山公园"。
[③] 南海现与中海合称为中南海。

在大陆非常有名。这位林先生不知出于什么原因，想让我和日本的强手对局，便把我带到了在北京的日本人俱乐部。

日本人俱乐部里已然备下了棋盘，我的对手和观棋者们都等在那里，准备看看这个现在很出名的孩子到底有多强。

对局由我执黑棋先下。对手大概是有专业初段实力的人，我在序盘吃了骗着，差点崩溃，陷入了大苦战。但进入中盘以后，我拼命努力，吃掉了对手近四十目，好歹扭转了局面，赢了六目。

当时的观棋者中有位叫山崎有民的先生，他把我作为"北京的围棋天才少年"介绍给濑越宪作老师，我的名字于是传到了日本。

山崎先生在北京经营美术品，也认识濑越老师。他就是积极劝我东渡日本的人。商讨赴日的有关事宜时，他作为我们一家的代理人，和濑越老师通了五十多封信，把我们在日本的生活保障等条件与细节一一落实，帮了很大的忙。他为我们尽心尽力，是我的恩人之一。

我十二岁时，岩本薰六段和小杉丁四段一行从日本来北京访问，那是我第一次见到日本的职业棋士。我和他们一起下了棋。岩本先生让我三子的两局，我都赢了，让我两子的一局，我输了两目。小杉四段让我两子的一局也由我取胜。因此我的棋力得到了极大的认可。

这次的成绩传到日本之后，让我东渡日本的事马上就进入了具体规划的阶段。当时我只是个孩子，并不清楚交涉的经过和具体细节，但直到两年以后，去日本的事才得以实现。

日本方面，最热心为我四处奔走的当然是濑越老师。他为了我，和政经两界有权势的人物不断交涉，其中有犬养木堂[①]、望月圭介、大仓喜七郎等。最后决定由犬养先生的女婿、驻北京的芳泽公使来处理相关事宜。芳泽公使去找杨子安[②]先生商量。杨先生当时刚刚卸任北京政府的国务院参议。

杨子安先生是湖北人，文笔和书法都相当出色，学识也很渊博。此前他和吴家并无往来，于是请他做了我的义父，如此便可以照顾我。在当时的中国，如果要拜托别的省份的或是以前没有交集的人来关照自己，往往会请那人做义父。虽说是义父，但我无须改变户籍，只是请他像亲戚那样关照我，所以并不是什么重大的事，这一点与日本的义父不同。

在日本那边，则由大仓财阀的公子、当时日本棋院的副总裁大仓喜七郎男爵出资，以两年时间为期限，在我抵达日本后，每个月给我两百日元，在这两年内确认我的能力。但杨子安先生对于我去日本这件事其实比较消极，可能是因为对我虚弱的身体和日益交恶的中日关系感到担忧吧。他本人希望把我培养成学者。所以在听到芳泽先生传达的消息后，他说："他还是个孩子，身体也不好，等两年后象韶的仪式结束了再说吧。"象韶的仪式是在虚岁十五岁时举行的成人仪式，据说濑越老师听后误以为是婚礼，顿觉事情不妙，急忙联系了山崎有民，向他打听此事。

昭和二年（1927），我执白棋赢了刘棣怀，成了名副其实的北京棋界第一人。这年夏天，井上孝平来访北京。他让我二子

[①] 犬养毅，号木堂。
[②] 杨熊祥，字子安。

进行对局,我赢了。接着又以让先①下了三局,结果一胜一负一打挂。当时四段以上的选手愿意以让先对局并不是寻常的决断,井上五段此举相当有见识,此后也令他引以为傲。他回到日本后,夸我是"百闻不如一见的天才",这句话传遍了日本棋界。

我家当时依然继续着贫困的生活。二哥继续读书,大哥考虑到家中生计而退学了。而我能以让先与井上五段对局,也成了母亲和大哥决意前往日本这片未知之地的重要原因。

当时的我完全听从母亲和大哥的安排,对于去日本这件事也没有丝毫不安,觉得只要按照他们的决定去做就行。昭和二年(1927)秋天,渡日的事宜和条件全部安排妥当,我们也已经下定决心。东渡事宜定下之后,濑越老师发来了正式的邀请函。这封信至今依然妥善地保管在我家。信中的文辞非常出色,是一篇彰显教养与学识的名文,简直不像是出于棋士之手。若将其用现代的措辞译出②,便是如下的文章。

> 谨启,顷由山崎先生转来大札,忭慰无似。虽迄未觌面,但自岩本处已多有耳闻。君虽年少,棋力已远超同侪,至与井上对弈之三回合,益见器量堂庑非凡。山长水远,迫事无闲,不克亲晤手谈,怅何如之!
>
> 圣人十五志于学,君正当时,况体又康健,切望及早命

---

① 棋份之一。以三局为一个单位,棋力处于下位者每局都执黑棋先行。与"定先"同义。

② 原文虽然是"现代的措辞",但下面这封信依然采用了比较古雅的书面语,并非现代日语的白话文。故依据行文风格对应为民国时代的文人信札,用书面语译出。——译者注

驾，共我参此弈楸，假以时日，必能荣登"名人"①之位。拙作数种，已寄山崎先生，得暇时若能多加揣摩体会，或能有所助益。另，君与刘棣怀对弈二谱，已加拙评并附贵国棋坛绍介，刊于《棋道》六月号，统此奉闻。

即颂

康吉

并叩贵国棋道诸贤安

敬具　五月十六日

翌年，也就是昭和三年（1928），濑越老师授意弟子桥本宇太郎四段来访北京。此行是为了正确地测试我的棋力，另外也让桥本把渡日时的各种细节再与山崎有民先生确认一番。桥本与我以让先对了两局，一局我赢了六目，另一局赢了四目。

就这样，承蒙许多人的帮助，加之母亲想在新天地开拓生活的决心，我们定于昭和三年（1928）十月东渡日本。家里先由母亲和大哥吴浣陪我一同渡日。

我的保证人由望月圭介先生担任，围棋的学习则是拜入濑越老师门下。此外，大仓喜七郎先生以留学费用为名，暂定以两年为限，每月支付给我两百日元生活费。

二哥吴炎因为要继续学业，家里将他托付给舅舅，三位妹妹也分别托付给亲戚，说好等我们在日本的生活安定之后，就把他们接过来。杨子安先生说，我们去日本的契约是两年，两年期满

---

① 当时日本围棋界的最高地位。始于江户时代，为终身制。

后无须顾虑，完全可以回国。母亲平日里十分好静，也并不是喜欢出头的性格，但到了为一家人做主的时候，却有着很强的决断力。她对日本并不了解，也不知道棋士这个职业到底是怎么一回事，即便如此，母亲依然将命运赌在了儿子的才能上，毅然同意前往日本。这实在是非同寻常的决定。

渡日一事确定的时候，靳云鹏将军正在北京掌管治安。这位将军知道我要去日本，原本打算给我一千元饯别礼。谁知他和蒋介石率领的国民军不断交战，我渡日前夕，他正在河南省激战。靳将军是有鸦片瘾的，但在持续三日的激战中，他忘我地在前线指挥，居然忘了抽鸦片。一位部下留意到这一点，于是问他："将军，你要抽鸦片吗？"结果靳将军闻言立刻出现了戒断症状，状态急转直下，最后一败涂地，逃回了北京。说好的一千元饯别礼也减半成了五百元。不过，五百也已经不是小数目，渡日之后对我们的生活起了很大的帮助。此外据桥本说，他也从靳将军那里拿到了三百元，这是和我下试验棋的谢礼。当时只要有一百元就可以宽裕地生活一个月，所以桥本对我说，这笔钱真是可以派上用场了。

就这样，东渡的日期也敲定之后，大哥和我就去山崎先生那里，跟着他那位漂亮的夫人学日语，做各种准备。昭和三年（1928）十月十八日，由山崎有民先生做向导，我们跟着他从北京来到天津，在塘沽口岸上船，一路向着日本进发。

第二章

新布局的青春

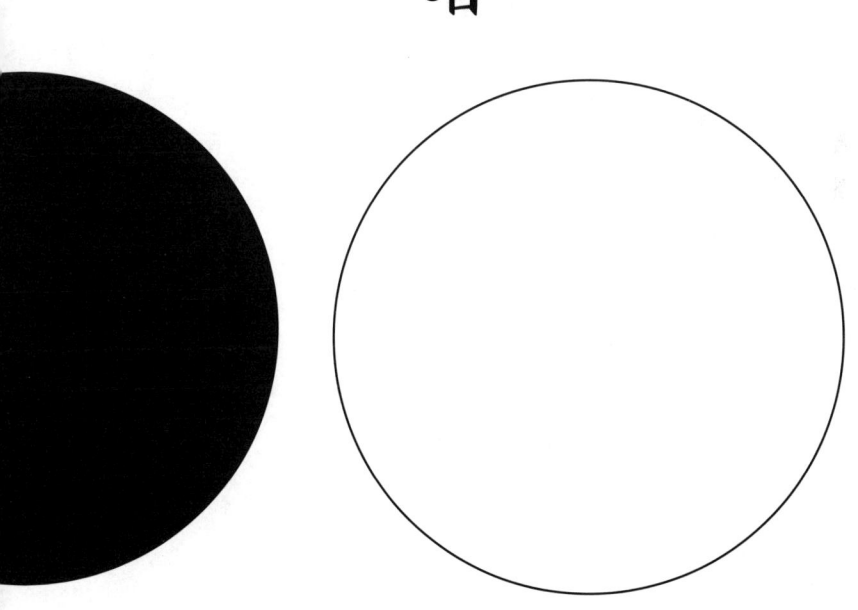

初到日本

昭和三年（1928）十月二十三日，我们一行搭乘发自天津的大阪商船"长安丸"抵达神户港口。那时我已满十四岁。

在京都的吉田操子老师家停留数日后，我们坐上了驶往东京的列车。到东京时，正是登上神户港口的五天之后。我们当天就被带去位于赤坂的"葵"酒店，出席了记者见面会。见面会结束之后，才总算可以一解旅途疲惫。

第二天，桥本来接我们。他带我们去"麻布区谷町六十一番地"的出租房，我们就在濑越老师准备好的这间房子里安顿下来。日本棋院当时位于溜池，这间房子离得很近，仅隔市内电车两站地的距离，步行过去也用不了多久。那时我基本不会说日语，但牢牢记住了"谷町六十一番地"的发音，这样就能在迷路时去问警察。我到现在都很怀念这个地名。

身为濑越老师的弟子，我在谷町六十一番地踏出了日本棋士生涯的第一步。大仓副总裁给我的生活费以两年为限，两年内我的学习如果没有进展，就会停止支付。而我们一家既已来到日本，也就不能一事无成便返回中国。当时我虽然只是一介少年，对此也已经有了心理准备。

初到日本的时候，我穿着马褂，这是当时中国的正装。刚开始，我出席正式场合都穿着这身正装。一周之后，我受邀前往床次竹次郎先生家，喜多文子老师对我说："既然已经来到日本，一直穿着这身衣服会让人感到奇怪的。"于是送了一套和服给我。此后，只要是参加比赛，我都喜欢穿上这套和服。

喜多文子老师是能乐喜多流派的掌门——喜多六平太先生的夫人，同时也是女子围棋的先驱。她在战前严格的升段制度下，凭借自己的实力升到了四段，战后又被赠予六段，从那时起，喜多文子老师培养了众多有实力的年轻女棋士。她还是濑越老师夫妇的婚姻介绍人，后来我也拜托她做了我们夫妻的婚姻介绍人。无论遇到什么事，她都会像母亲那样照顾我，实在是令我万分感激。

来到日本后，首先面临的问题是日本棋院应该授予我几段。当时与现在不同，段位有绝对的权威。棋士们根据段位来确定交手时的棋份[①]，对局酬金和教学费用也因此不同，因而授予几段是个重大的问题。虽然濑越老师力主我具备三段的实力，但大多数棋士都认为我至多不过初段。于是姑且假定我有三段的棋力，以测试对局来衡量我的正式段位。

十二月一日，测试对局开始。第一位对手是筱原正美四段，他在当年春天的升段赛[②]中位列一等。当时日本棋院有个规定，四段以下的低段位者，每人每局只有八小时的对局时间，而且要

[①] 战前日本围棋界传统，依据棋力或辈分的高低来决定对弈双方的对局形式。双方对等的情况下是"互先"，双方相差一段为"先相先"，相差两段为"定先"（或"让先"）。
[②] 日语为"大手合"，是日本棋院进行的升段审查制度。现已废止。

在一天之内下完。但棋院考虑到我可能还不习惯这种计时制，所以这场对局取消了时间限制。无论如何，这都是我来日本后的第一战，同时又有着国际比赛的氛围，我因此有些紧张。而筱原也很当回事，双方绞尽脑汁，下了三天才结束。日本棋院很看重这场比赛，启用了棋院里的妇人专用客房作为对局室。这间房平时很少使用，里间设有梳妆台和床，方便女客留宿。房间由曾在美国留学的大仓先生指示建成，在当时的日本很少见。这局棋由我执黑先行，我幸运地在中盘赢得胜利。

接下来的第二局是和秀哉名人的让二子局。这局棋是正式的试验。秀哉名人身材异常瘦小，体重似乎不足三十五公斤，但当他坐到棋盘前，却让人感觉比其他棋士都要大一圈。这局棋和与筱原四段对局时一样，也在棋院的妇人客房进行。那天桥本代替濑越老师，待在棋院里陪我。

哥哥和母亲都十分担心："万一输了怎么办？"但我那时刚来日本，并不像日本棋士那样受制于名人的威势，下棋时心情十分平静。打挂的时候，木谷和很多日本年轻棋士都进来观看局势，想必这局棋很受年轻棋士瞩目。对局以我赢四目而告终，我自己下得也很满意。名人点评说："黑棋庄重坚实，一直将优势保持到最后。步履堂堂，未给白棋任何可乘之机，实在是让二子局的会心杰作。"

对局终了、名人的点评也结束时已是深夜。桥本带我去荞麦面馆，那碗面非常好吃，令我至今难忘。

说到名人的威势，我在被正式授予三段后，马上又和秀哉名人进行了让三子局。当时我受到名人的威严震慑，对局成了大苦战。

那次的对局由时事新报社企划，报社打算将其刊登在正月初一的报纸上。我当时对日本的棋份规矩还不熟悉，以为也是受二子，所以在棋盘上放了两颗黑棋。名人表情纹丝不动，却重重地喝道："三子！"我一下子就被震住了，此后迟迟不敢落子，棋也渐渐变得凌乱。到了第三天，居然成了胜负不明的状态。最后我好不容易收拾了局面，赢了十一目。第二天打挂的时候，濑越老师曾叱责我说："要是连让三子局都输了，你就回国吧！"当时我真是冷汗直冒。

话说回来，在我赢了与秀哉名人的那次让二子局后，接着又执黑以五目优势击败村岛四段，正式被认定为三段。

获得三段以后，喜多文子老师担心我身体虚弱，便为我介绍了杏云堂医院的佐佐木医生，请他为我检查身体。检查报告显示："肺里有结核自然痊愈的痕迹，不排除复发的可能性，与此同时，身体也并不强健。为了防止复发，建议先逐步适应在日本的生活，一年之内不要参加有对决性质的正式升段赛。"因此，在之后的昭和四年（1929）里，我以《棋道》杂志和时事新报为中心，只参加杂志举办的对局和"新闻棋"，成绩是十二胜七败二和。

模仿棋

我刚来日本的时候，木谷实四段在年轻棋士中是出类拔萃的强手，其他棋士称他为"怪童丸"，非常怕他。当本因坊秀哉名人与雁金准一八段分别代表日本棋院和棋正社，拉开"院社对抗赛"的帷幕，将世间闹得沸沸扬扬之时，木谷四段将棋正社的雁金八段、小野田五段、高部六段三位棋士每人接连打败了三次，仅凭一己之力就结束了这场对抗赛。他就是如此厉害。

在时事新报社刊载的淘汰赛中，我遇到的第七位对手就是木谷实，那是我第一次和他对局。和这样的强手对局，用寻常下法肯定赢不了。我想了很多对策，最后决定试试下模仿棋。我准备将第一手下在天元，之后就模仿白棋来下。从天元开始，然后模仿白棋的话，白棋一定会很快来中央挑起战斗。我就抓住机会，利用天元一子黑棋的优势，在中央决一胜负。这便是我的作战计划。而如果白棋一直不来中央，我就一直模仿着他来下，如此一来，局势就会愈发明了，黑棋也将变得有利，对此我已经心中有数。

对局两天前，桥本来访我家，我将此计划告诉了他，桥本也觉得可行，说："这很有趣，就这样试试吧。"

对局开始后，我第一手下在天元，之后就完全模仿白棋走。木谷非常吃惊，他反复长考，很久都不走一步棋。而我只要跟着走就行，所以几乎不费时间。木谷不堪忍受，几度离席和报社的委派记者三谷水平商量。三谷后来告诉我，木谷当时说："要是一直这样下模仿棋的话，我就没法下了。"但三谷说这并没有违反规则，因此无法让我停止模仿。三谷耗尽心思才安抚了木谷。

结果我一直模仿到第62手，从63手开始变化。到此为止，我的计划都是成功的，黑棋变得分外明了。可惜我在中盘时松懈了，木谷下出第124手妙手，最终我输了三目。

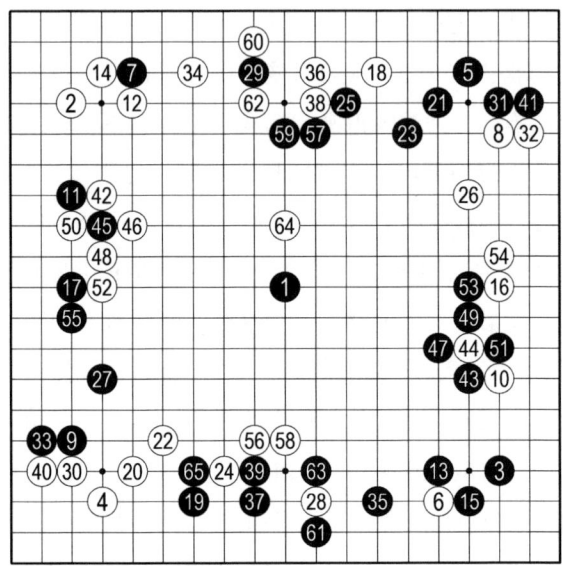

对局结束时夜已经深了,末班电车也没有了。我和木谷于是在棋院里住下,一直聊围棋聊到天亮。大概直到此时,才算是我和木谷的初次相识。总之,木谷是我的强劲对手。在刚来日本的两年里,我即使执黑也几乎赢不了他,耗费了四年时间才得以和他平起平坐。

参加升段赛

翌年是昭和五年(1930),我已经十六岁了,迫不及待地从春季开始参加升段赛。春季的成绩是七胜一负，位列三等；秋季则八战全胜，位列一等。于是我升到了四段。

此后昭和六年（1931）的升段赛，我在春季六胜二败，秋季八战全胜。接下来的昭和七年（1932），春季是八战全胜，秋季七胜一败，因此又升至五段。

如今回想起来，我来日本后最热衷于学习围棋的时期，大概就是刚到日本的昭和四年（1929）到昭和七年（1932）。当时我尤其认真地研究了本因坊秀策[1]的黑棋和本因坊秀荣名人[2]的白棋棋谱。此后，我将大部分的时间分给宗教，并不像世间所认为的那样努力钻研围棋。

此时我执黑棋较多，便以坚实的秀策流为主体，这也是我被称为"执黑无敌"的时代。昭和六、七年（1931—1932），我在成绩上位者选拔赛中也接连夺冠。尤其是昭和七年（1932），我在时事新报社举办的淘汰赛里接连击败了十八人，升段赛中也首次执白赢了木谷实，这是我棋士生涯中胜率最高的时期。

来日本后到昭和八年（1933）为止，我的成绩如下所示。昭和七年（1932）的胜率接近九成。

1928 年	十四局	九胜三败（二打挂）
1929 年	二十一局	十二胜七败二和
1930 年	三十九局	三十一胜六败二和
1931 年	四十二局	三十五胜五败一和（一打挂）
1932 年	五十局	四十四胜五败一和

---

[1] 本因坊秀策（1829—1862），日本江户时代的棋士。
[2] 本因坊秀荣（1852—1907），日本江户时代至明治时代的棋士。

1933年　三十七局　　二十五胜九败三和

　　我们一家来到日本半年后，从麻布谷町搬到了东中野，在那里生活了一年。升段赛中收获好成绩时，濑越老师在西荻洼自己家的宅地上为我们盖了一栋房子，我们总算有了稳定的住处。这栋房子有两层，一共六个房间，很适合一家人居住。大哥立刻前往北京，把三位妹妹接来东京，我们全家人终于住在了一起。二哥吴炎当时还在南开大学读书，所以独自一人留在了天津。

　　这时大哥已经成为早稻田大学围棋部的主力。刚来日本时，大哥不放心我独自外出，到哪里都陪着我。

　　话说来日之初，我对语言、地理，还有日本的习惯等都不熟悉，经常感到迷茫。最让我吃惊的是日本的神舆，我以为那是灵柩，而在中国，灵柩会在葬礼时被静静地抬去野外。我当时并不知道日本的祭祀仪式，看到人们气势饱满地抬着神舆，感到非常惊讶，心想这葬礼真是隆重，到底是谁的葬礼呢？

　　另一次，我和大哥两人一同去拜访家住赤坂的井上一郎先生，结果在回家时迷路了。井上一郎是濑越老师门下的大弟子，我和桥本是他的师弟。大哥为了找对路而拼命走，却走去了完全错误的方向。我觉得只要问警察就可以，但大哥对当时日本人蔑称中国人为"支那人"一事非常在意，所以极力避免去问警察。然而事与愿违，最后还是得去问警察，才总算平安到家。在当时，日本人对中国人和朝鲜人的歧视非常严重，我自己虽然没有留下太多不愉快的记忆，不过据大哥说，日本人对朝鲜人的歧视尤其厉害，朝鲜人坐电车时，如果有日本人来到面前，就必须让座。

住在谷町的时候，母亲几乎不会日语，所以基本不曾外出。刚开始的两个月，我们都在邻近的中餐馆解决三餐。每当夕阳西下、关上雨窗时分，家门口必然会有卖豆腐的人经过，卖豆腐的人吹着喇叭，声音寂寞，在空中回荡。母亲每每听到那样的声音，想必都被勾起思乡之念，更添几分孤寂的心绪。

住在东中野时，承蒙濑越老师的关照，桥本经常会拿着甜纳豆来看我们。我们当时还不怎么会说日语，语言无法沟通时就写汉字交流。有一天，桥本在我家吃完晚饭后，在纸上写了"御馳走様"[①]几个字。我和大哥看到后，误以为是"出去散步吧"的意思，马上开始做出门的准备。桥本一头雾水，搞不懂到底发生了什么，我们看着吃惊的他，也摸不着头脑，更加惊讶。因为"馳"字或"走"字，在中国只能被理解为外出。

西园寺公毅先生

昭和六年（1931），夏天将近的时候，木谷实来访我家，让我跟他一起去见西园寺公毅先生。当时我们已经在西荻洼濑越老师家边上的房子里落户，也终于适应了在日本的生活。

西园寺公毅先生是西园寺家族中的一位，也是当时第一银行

[①] 日语，意思是"多谢款待"。

行长西园寺龟二郎的哥哥。他办实业失败，于是在丰岛区泷野川过着半隐居的生活。他信仰日莲宗，所以身边聚集了很多信徒。不过，虽说是日莲宗，但西园寺先生倡导的宗教与传统的略有差异，偏向于信仰神灵，会使用佛教所说的"法"的力量，或是"念力"来为人治病，也会念诵比较独特的经文。另外，当有人前来咨询关于实业或政治的事时，也会请求神谕。

公毅先生在政经两界信徒众多。政友会的望月圭介先生、主持丹那隧道建设的铁道大臣三土忠造先生等都是他的信徒，经常去他家。公毅先生的围棋在业余爱好者中很强，木谷实也是他的信徒。

或许我在升段赛中的出色成绩令西园寺先生对我产生了兴趣，所以他才授意木谷带我过去。我问木谷："为什么要去？"木谷说："为了让你身体强健，棋下得更好。"刚开始时我回绝了，但木谷在我快要忘掉时又来劝我去。几次三番之后，我终于在将要入秋时答应跟他同去。

到了先生家后，先是让我念诵日莲宗的题目"南无妙法莲华经"。我虽然不很明白其中的含义，但心想反正是伟大的人说过的话，于是跟着木谷一起认真地念诵。公毅先生的宗旨是"魂在腹中"，所以唱诵时要把题目唱到腹中。

那次以后，我就经常和木谷一起去西园寺先生家。比赛当天去先生家已然成为固定日程。木谷住在离先生家很近的地方，每次我去的时候他都会来。

升段赛在下午五点时打挂暂停，此后我们会花一个多小时前往西园寺先生家。一到先生家，我就马上将当天的棋局复盘给先生看,随后与木谷讨论,也征求先生的意见。当时我和木谷两人正热情高涨地尝试新布局,一同研究新布局时几乎都是在先生家。讨论完后,先生会请我们吃晚餐,饭后则经常和先生下将棋。不过我的将棋水平很差,经常输。有时我也会请先生帮忙检查身体,先生就会带我去一间摆满佛像、专供祈祷的房间。房间的一角长年铺着床垫,我就在那里躺下,请先生为我检查。先生一旦发现有什么状况不好的地方,就会凝神用念力为我治疗。"这样就可以了,明天的比赛一定会赢的。"先生这样说的时候,我的确会有能赢的感觉,真是不可思议。

西园寺先生年轻时曾留学美国,熟知西方文化,但从某个时期开始,他被东方哲学吸引,开始信仰日莲宗。先生对儒教也特别感兴趣,他的日莲宗信仰里大概也融入了一部分儒家思想。到昭和九年(1934)先生过世为止,我经常出入于先生家,是他家的常客,先生对我也非常照顾。西园寺先生对我那么好,也可能是因为我熟悉典籍,儿时也学过《大学》等,能够理解儒家思想吧。

总之,与西园寺先生的交往,成了我和木谷亲密往来的契机。而我对宗教开始感兴趣,自然也是由于认识了先生的缘故。

新布局的诞生

川端康成先生曾在《木谷实选集》(日本棋院出版)的月报上发表过《新布局的青春》一文,其中写道:

木谷实、吴清源创造的新布局时代，不仅是两位天才的青春时代，更是现代围棋的青春时代。新布局燃烧着青春的创造和冒险的激情，向棋界送来新风，使其焕发出鲜艳绚烂的生机。在此之后，虽然也出现了优秀的新生代，但如新布局时代的木谷实与吴清源那样的划时代新人尚未产生。木谷、吴的新布局，乃是今日棋坛繁花盛开的象征。

如此褒奖实在令我惭愧，但其中论及新布局对现代围棋进步所起的作用，却是所言不虚。

虽然称为"新布局"，却并非从天而降，或是突然产生。新布局的萌芽在其发布的数年之前就已渐渐显现。昭和六年（1931），我在四段时就曾下出三三，昭和七年（1932）升为五段后，下出了好几次三连星的先驱——二连星。

升到五段后，我执白棋的对局就多了起来。那时没有贴目的规定，如果按照传统的小目定式，则白棋无论如何都会落后。定式以五五分为原则，简直像是为了黑棋而存在。

我所尊敬的本因坊秀荣名人在执白棋时也经常下在星位。而我对以小目为主的布局也深感不痛快，所以才形成了急速展开的棋风。我下出的三三、星的布局，是借由快速向边展开的设想，用一手占据角部后，马上就会向边展开。这对我来说理所当然，但在当时，从小目开始缔角被视为绝对正确，所以我的想法引起了极大的反响。

这个时期的木谷，布局上多在低位落子，但成绩不佳，于是他逐渐改为在高位落子。当时他正在摸索阶段，想要构思以势力为重的新布局。

昭和八年（1933），从春天开始，我和木谷进行了十番棋对局，新布局的萌芽在其中清晰显现。这次的十番棋无关擂争，只是时事新报社在我升到五段，段位追上木谷时策划的比赛。

我四段时，执黑棋很少输，但与木谷对局，即使执黑棋也很难赢他。昭和七年（1932）春天的升段赛，我首次执白棋赢了木谷，总算可以与他平等对决。而当我升入五段与木谷并驾齐驱后，我们就成了年轻棋士中的人气双璧。时事新报社看中了这一点，于是策划了这场十番棋对局。

在这次的十番棋中，我执黑下出了当时罕见的对角星，木谷则清晰地展现了比起角部更重视中央势力的新下法。

下到第六局时，对局地点中途改至日兴证券社长远山元一的家中。第一天原本是在日本棋院进行对局，到了第二天对局时，木谷的后援者——远山先生派来了手下告知：远山先生感冒在家休息，百无聊赖，想请我们去他家下。我们于是马上把战场转移到远山先生家。此时棋局已过中盘阶段，我和木谷都盯着棋盘出神地思考，远山先生则盘腿坐在床上观看。想起来，当时他真是相当悠闲。

远山先生是木谷的后援者，常请木谷让九子陪他下棋。木谷实从不偷工减料，指导棋同样会反复长考，所以棋局从早晨十点开始，最快也要到傍晚六点才结束。对方水平远不如木谷，并不会过多思考，所以常常等得非常无聊。后来，远山先生曾因自己能坚持与木谷下十年棋而引以为豪。木谷实性格朴讷，踏实而坦诚，不彻底想明白就不会罢休。

在这次十番棋的比赛中途，木谷升入六段，与我出现了段位差，比赛因此告终。六场赛绩是三胜三负。

信州的地狱谷温泉是新布局构思的诞生地，后来也因此闻名。我和木谷在这场十番棋的第五局中途曾一同前往那里。下这局棋时正值暑热的夏天，我听从了木谷的提议，两人一同前往木谷夫人家乡的地狱谷温泉避暑，泡温泉疗养身体。第五局维持打挂状态，报社在不拖累连载的情况下，对此也并无异议。

地狱谷靠近汤田中。在长野铁路的上林站下车，步行三十分钟就能到。山里非常安静，又因为三宝鸟和猴子很多而闻名。温泉就在这山中涌出。我想悠闲地读书静养，便带去了《易经》和《中庸》这两册书。

住进温泉静养后，第二天或第三天的早晨，我去木谷的房间找他，他正在向一位我不认识的人讲解围棋。听起来，木谷打算出版一本名为《布局与定式的统一》的书，因此对着作家鸿原先生口述。我很感兴趣，便坐下一起听。木谷讲了关于新布局的思考方法，刚开始我并不能接受这种方法，但慢慢地也觉得有些道理。回去以后，我就很想试着用木谷的新布局方法来下棋。

木谷对新布局的想法很难用几句话概况，但总之是"重视朝向中央而非角部的势力"，三连星便是其中的代表之一。现代的棋士中，武宫九段的宇宙流最大程度地继承了新布局的思考方法。

从地狱谷回来后，我马上在报知新闻主办的比赛中尝试新布局，对手是筱原正美。木谷也以前田陈尔为对手来尝试。可能是因为还不适应，我们两人都输了。但木谷和前田对局时，前田面

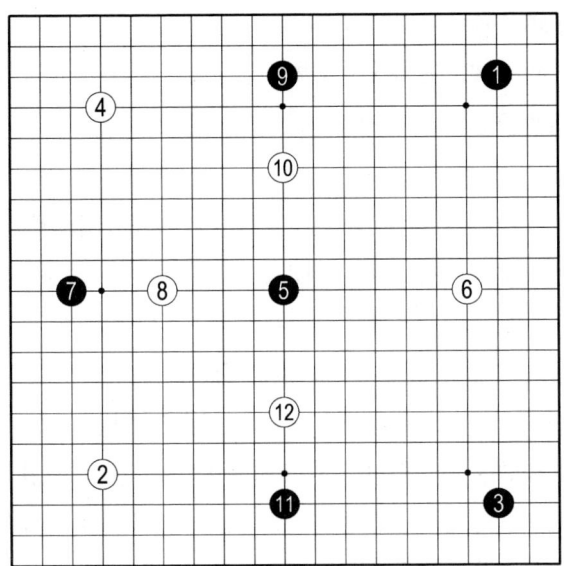

对着超乎当时常规认识的新下法，完全惊呆了。

现在再回头看那时下的棋，其实连我自己都会吓一跳。其中的典型是在同年秋天的升段赛中，我和小杉丁四段的那次对局。那局棋俗称"十六六指"，因为棋的布局形状很像名为"十六六指"的儿童游戏。从棋局来看，为了与白棋占据高位的新布局对抗，执黑的小杉四段有意识地在低位落子。黑棋先在角部和边上得利，之后打向天元，瓦解白棋在中腹的势力。黑棋的这种布局也实属罕见。

新布局得以在世上普及，是因为安永先生写了《围棋的革命——新布局法》一书。

前往地狱谷那年的除夕夜，我从西园寺先生家离开后，顺道造访了木谷实。当时日本棋院的主编安永先生也来了。三人坐在一起，安永不停地问我们二人有关新布局的问题。我和木谷分别讲述了自己的见解，最后大家围着棋盘，摆上棋子，不停地讨论。我们出神地熬夜讨论，不知不觉中天已经开始发亮，正月初一的朝阳升起来了。

每年的正月初一①，我都会和濑越老师一起去明治神宫参拜，回程途中再去望月先生家拜年。我从木谷家出来后匆匆赶路，好不容易赶上了参拜。

不久后，安永先生的《围棋的革命——新布局法》就出版了。这本书以木谷实、吴清源、安永一三人为共同作者。安永总结了我和木谷的想法，很好地加以理论化。他对自己从执笔到出版发行仅用一个月这件事也很得意。想来，除夕夜时安永来询问新布局也是为写书做准备，而我直到看见书才反应过来。

《新布局法》在业余爱好者中取得了巨大的反响。据安永说，发售当天，来买书的人把负责出版的平凡社围得里三层外三层。当时的销量是四万本。在那个时代，围棋书可以卖到四万本，可说是非常畅销。

总之，新布局赢得了极高的人气。我和木谷的对局中，木谷下出的新布局甚至作为号外在街头发售。那是报知新闻主办的比赛，木谷继第1、第3手后，下出了比星位更高一路的"五五"，报知新闻遂以"木谷落子五五"为号外，大力进行报道。

此外，新布局时代甚至有第一手落在比高目还高的"四六"。"四六"被称为"大高目"或"超高目"。但这种下法在那以后很

---

① 日本在明治维新后采用格里历，这里的"正月初一"指公历一月一日。

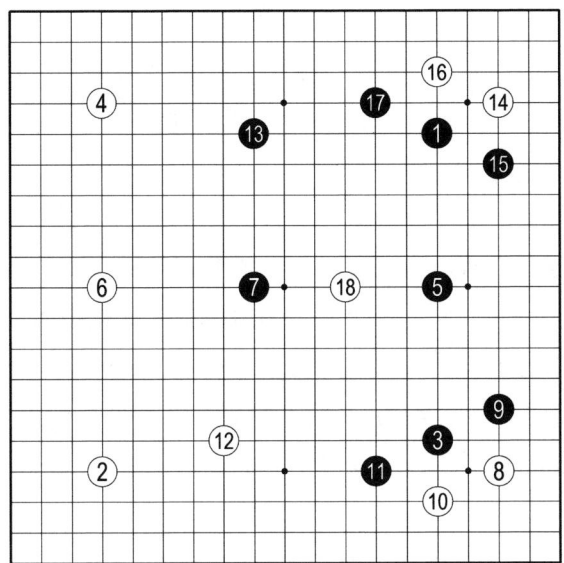

少出现,"超高目"这个词也就很快被弃用了。

现在想来,新布局不被烦琐的传统定式束缚,自然能在围棋业余爱好者中大受欢迎。

总之,新布局出现后,原本被小目定式束缚的布局就解放了,对布局的思考开始变得自由,棋盘上的世界也因此更为宽广。我和木谷一时间下了很多运用新布局的棋局,因为胜率不错,所以有很高的人气。其他棋士纷纷仿效,后来也创出了宇宙流等下法,在棋盘上展开了精彩纷呈的空中战。当然,这并不意味着新布局一定比传统的布局更好、更能获胜。说到底,还是基于下棋之人的棋力。

三三・星・天元之局

昭和八年（1933），新布局如旋风般风靡棋界，读卖新闻社遂在此时企划了日本围棋锦标赛。获胜者将执黑与本因坊秀哉名人对局。当时的读卖新闻社正为了纪念报纸发行两万期而举办一系列活动，这场对局也是其中一环。棋战云集了十六位顶尖棋士，以淘汰赛方式进行。我在半决赛赢了木谷实，决赛时与桥本宇太郎相逢。

决赛开始，桥本猜到了黑棋，当时没有贴目的规定，所以黑棋绝对有利。桥本似乎也觉得这局棋可以轻松拿下，于是在中盘放缓了，结果我的白棋赢了二目。这局棋虽然下得朴实无华，却被濑越老师赞赏为白棋的名局。

我获胜之后，最高兴的是读卖新闻社的正力社长，因为这样一来，他的计划就成功了。他握着桥本的手说："真好啊，你输得真好啊！"桥本非常诧异。他在事后说，这是他唯一一次输棋却被表扬。

报社于是将我和秀哉名人的对局以"不败的名人对决鬼才吴清源"为标题，进行大规模宣传，所以这场对局在开始之前就早已万众瞩目。

当时我的立场不过是与名人进行一次对局，所以比较轻松。相较之下，升段赛反而更加重要，我只把和名人的对局当作是在升段赛间举行的一场比赛。但对以秀哉名人为首的本因坊一门来说，如果输了就会有损本因坊的权威，所以这局棋非同小可。

那时正是我使用新布局最多的时候，所以第1、3、5手以三三、星、天元的顺序落子。

白棋在两角都下了小目定式，对于黑棋来说，考虑到占地和势力的平衡，第5手下在天元理所当然，并非哗众取宠。

谁知一石激起千层浪。因为这三手的任何一手都有违本因坊的惯例，尤其是三三，在本因坊一门被视为"禁手"。坊门棋士因此极其不满，一般的爱好者们也大为惊讶。

其实我在升段赛中已经几次下出三三和星，但这场对局是在《新布局法》出版的前夕，因此并不为世间所周知。而即使在

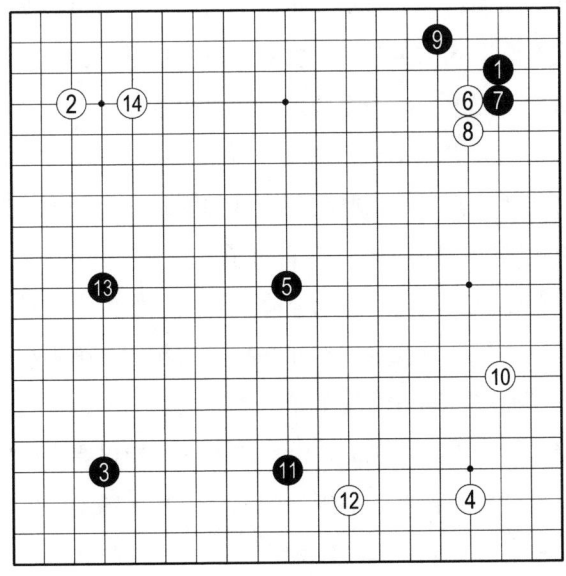

天元落子，也是第一手居多，此番下在第5手，对我而言也是首次。濑越老师认为，按照这样的布局来下，大概不到一百手就会溃散，因此十分担心。

总之，下出三三这个第一手"禁手"，既在一般的爱好者里激起了火热的人气，同时也被当作是对日本棋界传统的挑战，所以写着"岂有此理！"的投诉信如雪片般飞向了报社。

与此同时，日本正好在中国挑起了"九一八"事变，中日关系开始恶化。报社将我们两人的对局加以夸张的渲染，在引起众人关注的同时也制造出了中日对抗的氛围。虽然报纸销量大幅增加，但却给名人和我都带来了极大的麻烦。

考虑到名人的身体状况，这局棋只在每周一进行，从昭和八年（1933）十月十六日开始，到第二年的一月二十九日才结束。当时封棋制尚未施行，并且名人可以随时打挂，所以这局棋对白棋来说非常有利。到结束为止，实际上总共用了十四天。第八天时，名人带着预先想好的一手而来，待他落子之后，我考虑了两分钟即执黑应对，此后名人思考了三个半小时却依然不落一子，干脆就此打挂暂停。报社因此缺乏刊载的素材，十分苦恼，最后只好报道说："名人身体欠佳，未曾落子。"

这局棋在中盘交战时，黑棋还略显厚实，但由于白棋下出了第160手妙手，最后以我输二目而终局。数年后，第160手妙手也导致濑越老师被迫辞去棋院理事长一职。

现在想来，在当时险恶的政治环境下，这局棋要是赢了，后果或许不堪设想。我得益于周围人的关怀，并未感受到世间的骚乱，回想起来真是庆幸自己没有赢棋。

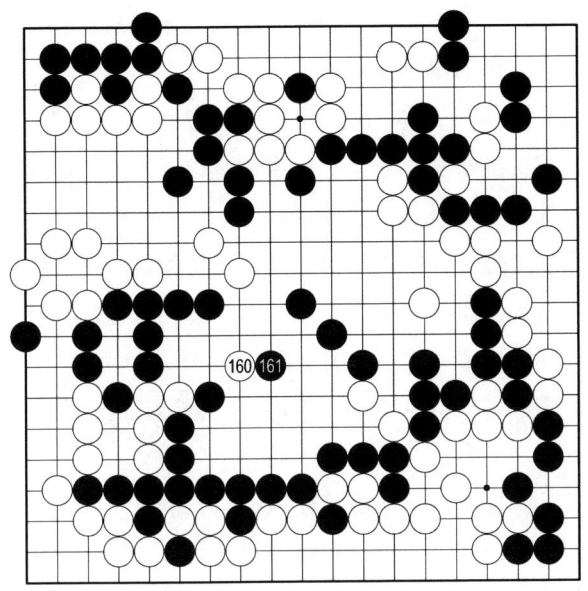

白棋的第 160 手妙手,是在对局第十三天下出的第一手,谁知在多年后引起了轩然大波。

战后的昭和二十三年(1948),我和岩本本因坊即将进行擂争十番棋,对局前举办了座谈会。濑越老师在会上声明不可公开报道之后,透露说:"当年第 160 手妙手,是前田陈尔四段(当时)想出来的。"然而,读卖新闻社认为此话十分有趣,不顾"不许报道"的声明,依然刊载了出来。

这则报道如下所示,而我认为濑越老师不可能用这样的语气说话。

"这可是个秘密哦。当时秀哉被吴清源绞杀,苦思冥想不得法，于是回到家中召集弟子们一起思考下一手的打法。结果有个叫前田的人想出了那扭转乾坤的一手[①]……"

这件事登报以后，本因坊一门的棋士大为愤慨："怎么登出了如此毫无根据的事！"于是一致声讨濑越老师。濑越老师只得引咎辞去棋院理事长一职。

结果辞职之后攻击也没有停止，本因坊的棋士们甚至向濑越老师家寄去了恐吓信。最后还是间组的神部社长出面，把大家召去饭店进行调解，才算是平息了这场风波。

我对世事一向木讷，直到几年前别人告诉我时，我才知道这件事。

第160手的确是妙招。冷静地想一想，也只有秀哉名人那样技艺精湛的人才能想出来。但当时如果不打挂，而是直接继续对局，结果又当如何？我沉浸在对局中时，就完全没有想到白棋可以有这一手。

虽然不知是否确有其事，但据说每逢白棋打挂，本因坊一门就会集体讨论对策，这是一直以来的惯例。因此这局棋在打挂时，自然也由一门棋士共同商讨。那么前田陈尔想出妙招而由名人来下，也并非不可思议。

关于第160手，还有另一段故事。那就是日本棋院的大仓副总裁在事先就知道这一手。

大仓先生非常关心这局棋的动向。不知出于什么样的考虑，在160手下出的前一天，他邀请我和木谷实去他家，用中国菜款待我们。此前都是我主动去拜访大仓先生，这是他第一次请我去府上吃饭。

---

① 指白棋第160手之事。——原注

席间的话题大多围绕围棋界,却丝毫没有提及我与名人的对局。但当我们预备告辞,走到玄关的时候,大仓先生突然对我说:"白棋要是下在这里怎么办?"随即指出了第二天白棋160手的位置。我当时正在走路,并没有完全弄清大仓先生指出来的位置,又觉得大仓先生不很懂围棋,不会说出什么特别重要的事,于是随口作答,并没有多想。那时我因为升段赛和其他的新闻棋而异常忙碌,回到家也几乎不会重摆与名人的棋谱。

大仓先生能够得知第160手,可能是此前他觉得黑棋占优势,便去问本因坊的棋士白棋该怎么办,结果被告知"不要紧,有这一手"。

对局的最后一天在数寄屋桥的旅馆举行。我的失败几成定局,但仍在处理一些比较难收的官子。

我在拼命收官的间隙去了一次洗手间,结果看到休息室里黑压压地聚集着众多秀哉名人的弟子,他们手里拿着很多棋谱,上面记录着从收官到终局的几乎所有可能性。那种气氛实在不同寻常,我感到害怕,于是向濑越老师求助。濑越老师请来京都围棋界的权威、吉田塾的掌门吉田操子担任立会人[①]。一见那森严的架势,紧急出任立会人的吉田老师也大吃一惊,觉得非同小可。

终局,白棋胜二目。名人紧绷着的脸总算松弛下来。

棋局结束后,木谷实邀我去日式咖啡馆,安慰了我。木谷认为,这局棋的规则完全倾向于白棋一方,非常不公平。

四年后,木谷实与秀哉名人对决引退棋。木谷提出使用封棋制,对局中必须"同住一家旅馆,禁止无关人士出入"。他的提议全部得以实现。

---

① 立会人,日本举办体育比赛或棋类竞技时,为了维护比赛公平公正而设置的见证人。

入日本籍

当时还有一人也担心我和秀哉名人的对局会导致社会上对我的评价恶化，那就是山崎有民先生。

昭和六年（1931）发生了"九一八"事变，此后不久，山崎先生就回到了日本。事变发生后中日关系交恶，他在北京的美术品交易也因此不顺。与此同时，在日本的华侨也纷纷开始返回中国。

山崎先生认为，如果我想继续在日本下棋，要是不加入日本国籍，总有一天会在日本待不下去。因此他劝我加入日本籍。山崎先生曾经入伍参加过日俄战争，突袭二〇三高地时，日本军几乎全军覆没，他是幸存下来的三人之一。对此他非常自豪。他在中国生活了很久，对政治动向也了如指掌。

而我完全不懂政治，于是去找望月先生商量此事。

望月先生认为，日本与中国同种同文，所以加入日本国籍也是好事。他提议说，我的名字可以就用吴泉（Go Izumi），前一字是中国发音（音读），后一字是日本发音（训读），如此就象征着中国和日本两边都不会忘记。我高兴地听从了他的建议。

昭和十一年（1936）四月，入籍申请被批准了，我于是更名为吴泉。但是由报纸开了头，大家都用日文训读把我的名字念作吴泉（Kure Izumi），其实吴字是音读，应念作吴泉（Go Izumi）。然而"吴泉"并不为大家熟悉，也不利于传播，所以昭和十五年

(1940),在我与木谷镰仓十番棋的第六局前,我的名字又恢复成了吴清源。

加入日本国籍的只是我一人,母亲和兄妹们依然是中国国籍。

战后,我曾因为国籍问题而非常烦恼。当年我并没有和濑越老师商量过加入日本国籍的事,但这反而是好事。濑越老师是个非常认真、责任心极强的人,如果我找他商量了,战后他肯定为我的国籍问题忧心不已,甚至胜过我自己。

大哥吴浣从早稻田大学转到了明治大学。不论在哪个大学,他都是围棋部的主力,并带领着大家夺得学生团体赛的冠军。他毕业后,我拜托床次先生帮忙,于是大哥前往"满洲国"担任官职。

当时的"满洲国"由日本一手扶持建立,日本政府将"满洲国"作为"理想国"而大力宣传。我对实际情况一无所知,轻信了政府的宣传,认为大哥的任职会极大地促进"日满友好",因此感到非常自豪。

大哥一度在"满洲朝廷"的"宫内省"任职,后来被调到驻日本的"满洲国大使馆",于是又回到了日本。

上海、青岛、"满洲"之旅

昭和九年(1934)五月,日本棋院、东京日日新闻社、大阪每日新闻社共同组织了"日满华围棋亲善使节团",我们一行人因此走访了中国各地。

此次旅行的计划时间为两个月。除了我、木谷实之外，还有安永一、田冈敬一等同往。

穿着和服不便走动，我们于是穿上西装打起领带。我和木谷是第一次穿西装，不知该如何打领带，就请田冈帮我们打。穿好西装后，感觉仿佛成了公司职员。木谷实此前一直都穿和服，没想到西服领带居然跟他也很配，而且相当气派，活像一流公司的领导，实在是让我惊讶。

从横滨到长崎的途中，我们参加了各地举办的送别棋会，最后从长崎坐上了"上海丸"，一路向着上海进发。第二天傍晚，船在宽阔的长江口逆流而上，我们到达了上海。

按计划，我们在上海待两周，在这次的旅行中，上海是停留最久的地方。当地的富豪张澹如先生热情地招待了我们。

船到港口时，有很多人前来迎接我们。人群之中有个我熟悉的面孔，那是在儿时教我古文的杨老师。我深感意外。

在上海的棋会是一场盛会。我儿时住在北京时，一同争夺胜负的顾水如、刘昌华、雷溥华等棋士也全都来参加棋会。大家于是马上展开对局。当时正是我们热衷于新布局的时期，我和木谷的棋都下在高位，棋士们大为吃惊。

此后，我们从上海前往苏州的太湖观光。游船泛于湖上，我们则在船里和地方活动组织者们下棋。太湖没有海盗，却有湖匪出没，偶尔会侵扰游船。出于安全考虑，船并没有开到很远的地方。我们品尝了不少著名的上海美食。有一道"酒蒸小螃蟹"看着很好吃，可惜我完全不能沾酒，所以没有碰。还有一道菜是用活蹦乱跳的小虾蘸着酱料吃。

在上海的两周不知不觉就过去了。我们从张澹如先生那里领到一千元礼金，接着向青岛出发。

在青岛时，我和木谷两人住在国分先生的房子里。国分先生当时颈部疼痛，没法转动，看样子非常难受，但找了几位医生都没能医好。

西园寺公毅先生过世后，木谷成了他儿子西园寺公直先生的信徒。公直先生在治疗患者时，会把手放在患者的病痛处，木谷也学习了这种治疗法。木谷当时让我帮着治疗，说："你为国分先生治疗头颈的疼痛吧。"我推脱不过，但木谷和国分两人合力说服了我，我只好说："好吧，那就试试看。"

"可能不管用啊，这方法到底行不行我也不知道。"我嘟哝着取出了手帕，放在国分的颈部，然后把手掌盖在上面，一动不动地盖了三分钟。在此期间我全神贯注、精神统一，三分钟后将手移开。结果国分的头颈痛居然完全好了，真是不可思议。

国分深感佩服，盛情款待了我们。

多年后，我的妻子也在孩子肚子痛时，将手掌一动不动地盖在孩子腹部治疗，一样也治好了。据木谷说，用手盖在患处而精神统一的话，手掌就会向患部传出静电，病痛就能治好。

之后，我们从青岛出发去"满洲国"。

在"满洲国"时，我与木谷实在"康德皇帝"①御前对局，每天一小时，总共下了三天。当时我是五段，木谷则是六段，所以

---

① "康德"是爱新觉罗·溥仪在"满洲国"的第二个年号。

由我执黑先行。结果我赢了十二目。"皇帝"拿出了笔记本，认真地记了下来。

"皇帝"的侍从里有一位徐先生，他与我是旧相识。我还在北京时曾和他一起下过棋，当时我让他五子。

我问徐先生应该如何称呼"皇帝"，徐先生说是"皇上"。和木谷的对局结束的当天下午，宫中的庭园里摆出桌子，我和徐先生开始下棋。"皇上"也来园子里观局，他对我说："对手看起来很弱，你多吃些子给我看看。"徐先生闻言，整个人都紧绷起来，将胜负置之度外，抱着绝对不让我吃子的态度，一手一手坚实地走棋。我为了吃子耗尽全力，但想从放弃输赢、一味要活的对手那里吃子，实在是极为困难。到最后我也没能吃上几子。

对局结束后，我拿出一册新布局的书呈献给"皇上"。"皇上"非常高兴，亲切地和我说话。他身材高大，我于是仰着头，用北京话跟他聊围棋以及在日本的生活。"皇上"大概平时很少有机会能轻松地用北京话聊天，和我讲话时显得分外愉快。

"皇上"所住的宫殿本来是一家烟草公司，但改建得很粗糙。而他面对态度蛮横的日本外交官也不能动怒，看起来生活并不如意。对比先前清朝皇帝的无限风光，真是让人倍感凄凉落寞。

这次的中国之行是我来到日本后第一次回国，所以印象特别深。

第三章 加入红卍字会

回天津

昭和十年（1935），我二十一岁。

这年的五月，西园寺公毅先生罹患癌症去世。先生从上一年的年末开始，一直说要让我"得道"。

得道，意思是先生将他的宗教核心秘诀传授给我。对任何宗教而言，如果单纯只是信仰，那依然在门外。修行积累到一定程度，才能接触到打开宗教奥义之门的钥匙。这把钥匙是各种宗教的秘密，称作秘诀。

公毅先生过世后，其子公直先生继承了他的宗教，但修行方法与公毅先生不同。木谷在公直先生那一代依然继续信仰，而我在公毅先生过世后便离开了。

来到日本后，我一直不断地参加棋赛。前一年（1934）的秋天，我在升段赛中升入六段。升入高段位之后，对局时间也相应变长，于是从对局到对局不断持续，实在应接不暇。如此情形下，也只有西园寺先生家能够安抚我的精神，为我治愈疲于胜负之争的内心。而在西园寺先生去世后，我整日征战胜负的内心突然出现了无法填补的空洞，寂寞无从治愈，每天都不得解脱。

那是这年十月一日晚上的事。正好是重要的秋季升段赛前夜。

因为第二天要参加升段赛，我读完了老子的《道德经》后，便走上二楼。正在这时，我感到有些不适，之后突然进入了神灵附身的状态。心灵学称此状态为"接灵"。神灵附身的状态如果比较激烈，甚至会手舞足蹈。多年后我信仰玺光尊①时，曾在金泽与双叶山②一同起居了三十五天。双叶山也是灵验感应很强的人，在参加相扑大赛的当天早晨，他经常会进入神灵附身的状态。

我在意识模糊的状态下摸了摸自己的身体。大概过了一个小时，我感到肚子里完全空了，好像被什么东西指引一般，摇摇晃晃地走进了洗手间，随后便意识蒙眬，瘫坐在地上。当时是夜里十点。

母亲本来已经睡下了，但在我走过房间去洗手间时听到了响动。过了很久都不见我出来，母亲心想：明天还有升段赛，这是怎么了？于是起身去洗手间查看，只见我呆呆地睁着眼睛坐在那里。母亲大惊失色，急忙叫醒了妹妹们，把我抬到八叠的大房间，让我躺下。旋即通知濑越老师，并请来了医生。

医生赶来后诊察了我的状况，但查不出病因。当时我牙关紧锁、面无表情，脉搏极弱，不知是有是无，呼吸也很浅，并且异常得少。医生不知该如何处理，只好打了一针，然后嘱咐说"把他的身子弄暖和"，就回去了。我虽然躺着，对周围的状况依然

---

① 玺光尊（1903—1983），日本新兴宗教玺宇教主。本名长冈良子。
② 指双叶山定次，日本著名相扑运动员，第 35 代横纲。

有朦朦胧胧的意识，只是无法开口讲话。

又过了一小时。接近夜里十二点的时候，我终于可以开口讲话，也恢复了正常状态。

但神灵附身的感觉到了第二天依然持续。我称病告假当天的升段赛，成了不战而败。

我集中精神，向神明请示，询问从昨晚开始到底发生了什么。于是，我听到内心某处传来了"回天津！回天津！"的声音。

这次发作的几天之前，在天津的二哥吴炎给我寄来了当地发行的报纸《庸报》。这间报社的社长是红卍字会的信徒，每期都会撰写有关红卍字的社论。我读了那篇社论非常感动，对红卍字会产生了极大的兴趣。得到"回天津"的启示，或许也与此有关。

我将此事如实告知望月先生，又向秋季升段赛递交了休赛申请，然后马上出发去天津。对濑越老师，我只说是要去给父亲扫墓。但在如此重要的升段赛期间去扫墓，也实在不正常。濑越老师很担心，便去问望月先生，于是在我出发不久后便知道了真相。

我递交休赛申请后，孤身一人背着背包，购买了三等舱的船票，此外身上几乎不剩余钱，在神户上了船。

三等舱位于船底。我从光线昏暗的船底逃了出来，走到甲板上，吹着风，就这样一直望着茫茫大海。独自一人，没有钱，要去做什么也不知道。但我却没有丝毫疑虑，也并不胆怯。因为我强烈地感受到——神就在我身边。

加入红卍字会

船到达天津郊外的塘沽港时,二哥来接我了。说是母亲很担心,给他拍了电报。

我先住进二哥在南开大学的宿舍。安顿下来后,我马上拜托二哥带我去拜访《庸报》的社长李先生。二哥当时一边念大学,一边在庸报社里打工。李社长是红卍字会的忠实信徒,他将新闻报道全盘交给记者,自己则每天在评论专栏里撰文阐述红卍字的教义,并记录红卍字的活动。

我请李社长尽快将红卍字的教义传授给我,李社长爽快地答应了。从那天开始,为了向李社长学习红卍字的教义,我每天都会去庸报社。

不过,当时的南开大学是抗日运动最旺盛的地方。仅仅是知道我来自敌国日本,学生们就已对我白眼相待,如果不和二哥待在一起,那我可能随时会被群殴。

因此我在一周之后便从宿舍搬走,住进了二哥的朋友家。

我从昭和十年(1935)即开始信仰红卍字,当时我二十一岁。此后始终贯彻信仰,至今不泯。我的道名是吴弈灵,如今我已然成为日本红卍字会的长老会员。

当时,我每天中午都从二哥的朋友家出发,前往庸报社的社长室,在那里听李先生授课,然后和李先生一起去参加红卍字会每晚十点半开始的"座"。这成了我的日课。

"座"就是打坐修行，在十点半开始。这是乾刻和午刻相交之时，也正是阴阳相交的时刻，修行效果最好。

我有时会在晚上十点前就去，和道院的干部们聊天，听他们说有关红卍字的事。"座"结束后，归途中再到报社喝粥，然后回家。如此，每天都要接近十二点才回到二哥朋友家。这家的母亲信奉道教，因此非常理解我对宗教的热忱，每天都会慈祥地等我回家。

当时的红卍字会非常严格，要成为修方（正式的信徒），需要六个干部级成员的介绍并累积一百天的修行。我为了成为修方，得到了六位干部介绍，而为了完成一百天的修行，我每天都会去道院。

天津进入十一月后就是深秋了，寒意更甚，需要穿上外套。我那时孤身一人从日本出发，没有带外套。潘复先生当时住在天津，他曾是军阀首领，但后来脱离了政界。他让人为我做了件很气派的外套。

潘复先生从政坛引退之后信奉道教。当时他们一家有三十口人住在天津，佣人则有六十人。在当时的权贵之家，佣人为家人的两倍是一种常识。

潘复先生家中常常会聚集很多围棋爱好者，也时常举行棋会，我也是因为参加棋会才与潘先生结识。在天津的日子里，潘先生作为我的后援，给予了诸多关照。

一般来说，中国的军阀等政治家在引退之后大多会信仰宗教。我在天津时，有位叫孙传芳的军阀在引退后信仰了佛教。某天他从寺庙里走出来时，一个二十多岁的年轻女孩朝他开了枪，结果他中弹身亡。女孩好像是为了报杀父之仇。

说起来，我虽然进入了一百天的修行，但刚过一个月，濑越先生就好几次发来"早日回来"的电报。我是独自一人来的，日本那边以为我很快就会回去。催我回东京的电报实在频繁，我只得请求将一百天的修行缩短为六十天。六十天的修行结束后，我作为修方得到了"北极真经"。十二月初旬，我登上了回日本的船。

回到日本，我原本打算在回东京的途中顺道前往京都，去位于绫部的大本教本部拜访教主出口王仁三郎。为此预先从大本教天津分部的干部那里拿到了介绍信。

然而，船一到下关，我就接到了濑越先生的电报，他让我"立刻回东京"。我心想，十五日将在广岛举办棋会，棋会结束后，回程也可以顺道去大本教。于是急忙赶回东京。

没想到最后我却未能得见出口王仁三郎。在我回到东京不久，就在当月的十日，大本教遭到了大搜查。干部们几乎都被逮捕了，大本教受到很大的打击。当时是战争前夕，连宗教活动也无法自由开展。

富士见疗养院

回到日本后，等着我的依然是比赛。与先前一样，一局接着一局，日复一日持续不断。

升入六段后，比赛用时各十二小时的对局开始变多，基本上是两日制。两日制对局的第一天会较早暂停，第二天则几乎都是通宵。

木谷很喜欢夜战。每逢比赛，他往往白天慢条斯理，一到晚上却斗志昂扬，必然会通宵达旦，或许是在夜里心情更加平静，也更容易集中精力。之后的镰仓十番棋，木谷甚至在白天就把挡雨的窗户关上，遮住阳光，然后开灯下棋。当时的开局时间是固定的，午休时间则比较自由。和木谷的对局往往在第二天通宵激战后也不会结束，有时甚至持续到第三天下午四点。

我体力不佳，通宵对局对我来说异常痛苦。

然而当时的新闻棋赛大都是淘汰赛，赢得越多，对局也就越多。昭和十一年（1936）夏天，我在七、八月两个月间，必须参加十七局两日制的比赛。十七局也就是平均一周两局。那时的一局，耗时相当于现在的两局，而对局结束后，只休息一天就又要面对下一场对局。于是一周有两天注定要通宵，并且是在酷暑盛夏，当时也没有空调。

据说林海峰九段下完一局普通的比赛会瘦三公斤，恢复则需要三天。我本身比较瘦，不会一次瘦三公斤，但下完一局也会瘦一公斤以上，何况在体重还未恢复时又要参赛，所以最后瘦到了无法再瘦的地步。我记得自己当时已经瘦得快没有四十公斤了。

在四家报社联合举办的淘汰赛中，我连续淘汰了十二人，在与第十三人——前田陈尔对局时，居然连看到棋子都感到厌烦。这局棋最后输了二目。

九月以后，我感到疲乏无力，身体状态也很差，每到晚上都会发低烧。于是我去了神田骏河台的杏云堂，请医生检查，诊断结果是肺浸润。肺浸润现在被归为肺结核的一种，我小时候曾经得过一次，后来自然痊愈了，这回大概是复发。

这种情况下当然无法下棋。最后我缺席秋天的升段赛，在家中静养。母亲和濑越老师非常担心，四处为我打听各种治疗法。

三个月后，血沉也由原来的每小时二十多毫米降到了十一二毫米，每晚三十七点五摄氏度的低烧也渐渐好转了一些。

但这之后，病情虽然并未恶化，却也不见好转。这种状态之下，完全无法预计何时才能参加比赛，于是当时担任日本棋院理事的古岛一雄先生劝我住院治疗。

古岛先生曾是《万朝报》的主要编辑之一，也是绪方竹虎的前辈。古岛先生在信州的富士见高原有栋别墅。当地有家富士见疗养院，以疗养结核而出名，他和院长正木先生关系很好。

正木先生的本职是医生，此外还写小说，笔名是"不如丘"。丘是指孔子，"不如丘"大概就是不如孔子的意思。

古岛先生说："趁着这次休息，应该花点时间彻底把病治愈才好。"于是推荐我去富士见疗养院。我曾经几次受邀前往古岛先生的别墅，很喜欢富士见高原，所以愉快地答应了。古岛先生马上联系正木先生，委托他安排我住院，正木先生爽快地同意了，我因此得以免费入住。昭和十二年（1937），我住进了富士见疗养院。

在日本的高原中，富士见高原的空气特别清新纯净，臭氧层也很厚，非常适合疗养结核病。正木先生在全国各地考察时，认为富士见高原是最合适的地方,于是在此地建立了疗养院。久米正雄的小说《来自月亮的使者》以富士见疗养院作为背景,疗养院因此很出名。

住院后,静养是第一要务。因此刚开始的两个月完全是躺在床上休息,也不能说太多话。

与现在不同,当时并没有治疗结核的特效药,能称作"药"的不过是防止食欲减退的消化药。当时的疗法是通过静养和高原清洁的空气,使肺部在被结核菌侵蚀的空洞部位自动长出一层膜,膜会像水泥墙壁一样包住空洞,于是病就能痊愈。

对于一般人来说,完全静养的状态大概非常无聊,而对我来说,却正好可以离开残酷的胜负世界,好好地休息,所以一点都不觉得痛苦。

我请人为我在床上安装了支撑书本的支架。静养的日子,我几乎都靠看书度过。支架非常方便,可以把书固定在头部周围的任何一处。所以我躺着就能看书,姿势也很自由。另有一个部件可以帮助固定书页,拿掉就可以翻页。

我从儿时学过的四书五经开始,又读了王阳明、程子、中江藤树、本居宣长等儒学、国学相关的书,另外也读了不少阐述红卍字会教义或是与其他宗教相关的书。《吕祖全书》也是在这个时候读的。

住院之前,有位叫久原的人拿来生长之家[①]出版的《生命的真相》一书请我读。我把这本书带到疗养院,马上开始阅读。一

[①] 生长之家,1930年于日本成立的新宗教团体。创始人为谷口雅春。

读之下，我发现书中有很多依靠信心治愈疾病的例子。正木先生来查房时，看见我在读这本书，便问："读了这本书，病就会好吗？"我慌忙合上书，把它收起来。这本书其实是宣扬无须就医，仅凭信念便能治好疾病的。

两个月的静养有了意想不到的收获，我从儿时就患有的疝气痊愈了。或许是因为一直躺着，支撑肠蠕动的腹膜完全长好，肠也就不会再下垂了。这对我来说真是意外的惊喜。

静养两个月后，我不再发烧，也能泡澡、晒日光浴了。

晒日光浴从晒足尖十五分钟开始。如此循序渐进，一个月后允许晒全身一小时。

住院时，来探望我的人很少。有一天，喜多文子老师说她正好来富士见会朋友，顺便来看我。她给我带来仓田百三的《出家与其弟子》等与日莲、一休有关的宗教书。我当时除了读书之外无事可做，这实在如同雪中送炭。

喜多老师告诉我："东京局势紧张，大家有所顾忌，都尽量避免言论交流，就连我先生六平太的能乐教习也减少了很多。但下棋不用讲话，不必担心祸从口出，我因此反而多了不少外出下指导棋的工作，变得很忙。"

冬天临近的时候，我已经被允许外出散步了。于是我经常走访别的病房，或者去室外近处走动。富士见高原的秋天是芒草的海洋。白色的芒草漾着波浪绵延至远方，南阿尔卑斯山脉的群山顶着初雪、默然耸立。眺望北方，八岳群山屹立，尖锐的山峰仿佛要撕裂天空。空气干燥，但清新澄明，冰凉地刺着我的面颊。这片土地让我想起了年少时居住的北京。独自外出散步时，我走在这片远离胜负之争的地方，享受到了从未有过的舒适心情。相较之下，对于疾病的不安已然无足轻重。

这种病的最佳良药是户外的新鲜空气，所以冬天最冷的时候也不能关窗。富士见高原的寒冬，夜里的气温会低至零下十五六摄氏度，房门的金属把手都会冻结，一不留神握住的时候，皮肤都会被冻住。但我只穿着睡衣、盖着薄被子就过了一冬，所以很好地锻炼了身体。

初冬的时候，濑越老师来探望我。老师对病房里的极度严寒非常惊讶，说是忍受不了就不要有顾忌，温暖的伊豆也有疗养地，可以介绍给我。老师穿着外套还是不断地说冷，而我只是裹着睡衣。也许是身体已经慢慢适应了，所以并不觉得很冷，也完全不想换地方。我于是谢绝了老师的好意。

可以比较自由地散步后，我有时会步行到富士见车站附近。

当时，由卢沟桥事变所引发的一系列事件已将中日两国引向全面开战的局面，日本全国各地都能见到送别出征中国的士兵的景象。富士见车站也不例外，每天都有大量送别的人涌向车站，挥舞着日之丸小旗，唱着"我军智勇无双，替天征伐不义……"送别前往中国的士兵。

当时我轻信了日本的官方宣传，以为战争是为了大东亚的和平。但即便如此，纷繁复杂的情绪依然不由自主地在心中翻滚。我就这样久久地望着送别士兵的场景。

大病房里贴着中国的地图，患者们每天记录下日本军队的进攻状况。他们在我面前有所顾忌，不会多言，但在大病房里，似乎从头到尾都是日本军进攻的话题。南京沦陷时，疗养院里也有提着灯笼列队庆贺的活动,到处都是"万岁、万岁"的欢呼声。

富士见疗养院有好几栋病房,其中白桦病房最为上等,里面住着不少各界名流。

据我所知有作家堀辰雄先生,政治家永田秀次郎的儿子永田亮一先生,画家曾宫一念先生,比较特殊的则是萨摩治郎八先生的夫人。

萨摩先生出身亿万富豪之家,却耽于享乐,纵情声色犬马,一代之间就把财产挥霍一空。他的夫人非常漂亮,出院之后,在疗养院附近耗资三万日元造了间豪华的别墅,然后搬了进去,但丈夫几乎从未前来探望。

我在身体快要痊愈时,曾和其他几个人一起访问了那栋别墅,与美丽的夫人合影留念。但那些照片在战争中全部烧毁了。

疗养结核会花很长时间,相当需要耐心。一般来说,这种病在疗养初期会很快退烧,病情的好转也很显著。但到某个阶段后,虽然不再有什么病痛,但也不会有显著的恢复。

到了这个时候,很多人无法坚持疗养,开始抽烟或偷偷跑出去,结果导致病情再度恶化。我身边有好几个例子,都是年纪轻轻,因为没有完全治愈导致复发身亡的。富士见车站前有家扒金库①,到了晚上,会有患者从疗养院偷偷溜去玩。

我住的是富士见楼,很多文艺春秋社的职员和相关人员在这

---

① 日语 Pachinko 的音译,是带有赌博性质的弹子游戏厅。

里养过病，菊池宽的情人也曾住在这里。

隔壁病房里有位千叶先生，他比我晚一个月入住，也是文艺春秋社的职员。他在住院期间的娱乐是玩斗球盘①，每天都带着斗球盘和周围病房的人一起玩，我的水平也因此提高了不少。斗球游戏渐渐在疗养院中风靡，大家都沉迷于此，结果斗球盘被医生没收了。

千叶先生非常有趣，住院时和我的关系也最好。或许因为年轻，他眼见病情恢复缓慢，非常着急，结果得了失眠症。他偷偷摸摸地吸烟，悄悄往眼药水瓶里装威士忌，背着医生喝。我出院后他的病情依然没有好转，最后去世了。

昭和十三年（1938）六月，我的病情已基本恢复，于是担任了本因坊秀哉名人与木谷实七段的"名人引退局"的解说。

秀哉名人的引退局，如字面那样，成了秀哉名人最后的比赛。比赛于六月二十六日在箱根开始，中途名人病情恶化，八月十四日下到一百手时，对局一度暂停。过了三个月，于十一月十八日在伊东继续进行，到十二月四日才终于结束。对局实际上用了大约十五天，用时为每人各四十小时。这是留名围棋史的重大对局，也是名人在世袭名人制时代的最后一场对局。木谷推掉了秋天的升段赛，其他棋赛也概不参加，半年间完全集中精力应对这场比赛。

此局由木谷执黑先行，最后他赢了五目。棋局虽然朴实无华，但其实非常难。名人拖着病体参与对局，棋局结束后过了一

---

① 一款桌上游戏。两人一组，按规则在木质正方形球盘上用手指弹扁平状圆形木片竞技。昭和初期在日本全国广泛流行。

年，昭和十五（1940）年一月十八日，名人波澜万丈的生涯落下了帷幕。

这局引退棋的观战记录由川端康成担任。几年后，他将其写成小说《名人》，成了流芳后世的名作。

对我来说，要在养病期间担任重大比赛的解说，负担实在不轻。疗养院的医生不准我过度劳累，但我不能在如此重大的比赛中做出错误的解说，于是订购了小型的棋盘和棋子。

每日新闻社的委派记者是鸿原，他每周都会拿来棋谱，我就看着棋谱写解说，到了中盘的胜负处，即使看棋谱也无法做出很好的解说，但我不能随便糊弄。于是有好几次，我只得在半夜里偷偷拿出棋盘棋子，直接摆棋谱来看。

川端先生对观战记录也非常尽力。他说想看吴六段写解说的样子，曾经特地与鸿原先生一起来疗养院看我。

住院一年零三个月后，我在昭和十三年（1938）九月二十七日出院。而"名人引退局"却在此时由于名人重病住院而中止。

住在疗养院时，除了"名人引退局"，我还接下了朝日新闻升段赛连载的解说。濑越老师担心我的收入问题，于是在我的病情减轻后，介绍了这份工作。朝日新闻的委派记者胡桃每周都会来取我的解说。

康复出院后，朝日新闻社想要观察我的恢复情况，便在上诹访举办了我和藤泽库之助的测试对局。用时为每人四小时。对局结束后，为我拍 X 光片检查身体。

身体检查的结果显示，只要不过分勉强，身体就可以慢慢适应对局。

出院之后，我马上参加了当年秋天的升段赛。大概身体还未完全适应，成绩是三胜三败二和。

回忆川端康成

出院后，我响应东京日日新闻的企划，在第二年（1939）的二月到三月与木谷举行了三番棋。比赛的观战记录也由川端康成先生担任。

这次比赛时我出院不久，身体并未恢复到下棋的状态，于是以二连败告终。但在第一局和第二局之间，我与川端夫妇一同去伊豆旅行，留下了难忘的回忆。

还在富士见住院疗养时，我认识了同楼的安田善一，这次旅行即是应安田之邀。那时我才知道，安田是伊豆下贺茂伊古奈酒店经营者的儿子。伊古奈酒店当时刚刚完成重建，改造成了规模宏大的豪华酒店。

安田的父亲是川端康成的拥趸，趁着酒店刚翻新完，他想请川端先生过来住。于是川端夫妇、我，还有安田，四人一同前往下贺茂旅行。当时是二月末，已然有了春天的气息。

我们在修善寺住了一天，之后坐上巴士，一路摇晃到了下田街道，再从下田乘出租车抵达下贺茂。酒店是数寄屋式①的安静

---

① 数寄屋，典型的日本建筑样式之一。运用茶室建筑手法建造，形式极为简洁。

院落，树丛环绕，初生的新绿鲜翠耀眼。

第二天，川端夫妇、我和安田，四人带着酒店做的便当，一同往妻良、子浦远足。沐浴着早春明媚的阳光，我们沿着海边散步，又去长满芒草的原野踏青，心情悠闲而舒适。

晚上泡好温泉后，大家聚在川端先生的房间里聊天，直到很晚。我被问了很多有关宗教和围棋的问题，回想起来似乎都是我一个人在滔滔不绝地讲。

和川端先生的缘分源于我和秀哉名人的让二子局。这场对局由国民新闻报主办，我当时还是四段，川端担当观战记者。

川端先生对"美"的修养极深，观察事物也非常细腻。他写文章时经常反复推敲，像对待艺术品那样精雕细琢，所以经常拖稿。我记得他在战后写《吴清源棋谈》时住进了箱根仙石原的俵石阁，连续三天来我家采访。出版社的编辑为了拿到已经逾期的稿件，一直在旁跟着他。

读卖新闻的棋赛多在福田家旅馆举办，而川端先生也经常住在福田家写稿子，所以我们常常能在那里碰面。旅馆里有位叫"小雪"的女佣很受川端先生喜爱，成了他的专属女佣。小雪告诉我，川端先生非常喜欢收集艺术品，一有时间就会走访古董店。

川端先生和我都非常瘦。我对此一点都不在乎，但川端先生好像颇为在意。他尤其喜欢体态丰满的女性，川端夫人就是位丰满而美丽的女子。我和川端先生在伊古奈酒店一起泡温泉时，两人相互目测，感觉对方都不到十二贯（四十五公斤）。川端先生于是说，谁先满十二贯就请客。（川端先生在《吴清源棋谈》里说是十一贯，但我记得是十二贯。）

　　我在战后完全忘了这件事，川端先生却记得很清楚。得知我超过了十二贯后，他一本正经地对我说："我说，你可得请我吃饭啊！"我当下吃了一惊。

第四章

胜负与信仰

——两条道路

生死对决・擂争十番棋

擂争十番棋①是极为残酷的斗争,好比武士之间以白刃进行的生死对决。

一旦被打败就会降级,与原本棋份相同的棋士拉开一段的差距,无法再平等对抗,名誉也会受损。如果不在下次擂争中赢回来,就会永远无缘棋界第一人的宝座。然而下一次的机会几乎不会来,所以基本上是仅有一次的生死对决。尤其是争夺棋界第一人的擂争棋赛,胜者从此声名显赫,而败者的棋士生涯往往就此落幕。

自古以来,决定棋界第一人——"名人棋所"之位的对局,常由一次擂争十番棋或二十番棋来决定。对局者赌上性命,在棋盘展开你死我活的较量。这并不是夸张。江户时代,本因坊、安井、井上、林这四家为了争夺名人棋所之位而展开的擂争棋局,常常是悲壮而血腥的。

正保年间(1644—1647),二世本因坊算悦与二世安井算知为争夺名人棋所之位而进行擂争棋局,双方赌上生死、耗时九年而只下了六局。宽文年间(1661—1672),为了挑战当时的名

---

① 擂争十番棋,棋力相当的双方以交手棋份为赌注,对弈十局。十局进行中,当一方比对手多赢四局时,即宣告将对手降级。剩余棋局可用降级后的棋份进行,也可用原来的棋份继续,取决于交战前双方的约定。

人棋所安井算知，三世本因坊道悦做好输了就受流放远岛之刑的准备，奋战擂争二十番棋。还有更为悲壮的例子，比如元文年间（1736—1740）本因坊七世秀伯与井上因硕的决斗，秀伯在中途因吐血而倒下，无法继续对局。而天保年间（1830—1844），井上家的赤星因彻则因为挑战十二世本因坊丈和名人失败而吐血，虽有逸才，却就这样结束了二十六岁的生命。更有十四世本因坊秀和与幻庵因硕的二十番棋，第一局耗费整整九天，期间因硕两度吐血。诸如此类的悲壮事例实在不胜枚举。

距今较近的例子，比如明治时水谷缝治和高桥杵三郎擂争较量，结果水谷折寿而亡。昭和初年，日本棋院的铃木为次郎与棋正社的野泽竹朝七段这对命中宿敌的擂争十番棋，也依然让人记忆犹新。

本因坊秀哉名人引退后，世袭名人制废除，称号全部由头衔战而定。于是由擂争胜负、段位差异而导致棋份不同等传统惯例才逐渐消失。在四百年的围棋史里，这也不过是最近才发生的事。

对我来说，擂争十番棋和传统的擂争胜负战并没有本质上的区别。一概都是赌上棋士生涯、拼死一搏的决斗。尤其在战后，我作为读卖新闻社的一块招牌，持续十五年征战十番棋，真是名副其实的背水作战。那时我已经失去了日本棋院的支持，如果"吴清源"被打败，便会失去对围棋爱好者的吸引力，那么我的棋士生涯也会就此告终。

总之，擂争十番棋带有生死决斗的性质，其间的恐怖程度，若非亲身经历，大概也无法真正明白。今日的棋士已然免于擂争十番棋的争斗，仅此一点，也算是种幸运。现在的头衔制比赛，输掉一次两次都不会损伤名誉，棋份更是没有丝毫变化，挑战次数也没有限制。头衔亦有各种各样，数量很多，无法清晰地排名显示何者最强。对棋士而言，头衔制比赛实在是有利无弊。

我下擂争十番棋并非出于喜好。但从昭和十四年（1939）镰仓十番棋开始，到昭和三十年（1955）与高川本因坊的对决为止，我以当代最强的棋士们为对手，下了十次、总共近百局擂争十番棋，被贴上"十番棋吴清源"的标签也是无可奈何。

幸运的是，除了与藤泽库之助六段（当时）的让先十番棋，我在互先的决斗中把对手们全部打败了。能够击败所有这些与我实力相当的劲敌，只能说我偶然地生于胜运强大的星辰之下，为胜负之神所眷顾。

读卖新闻社的山田虎吉先生长期担任十番棋观战记者，他在《吴清源擂争十番棋全集》的第一卷里这样写道：

> 在当时，事实上并没有比擂争十番棋更令人惊心动魄的事。为了见证"日本第一人"的产生，世人的目光当然全都集中于擂争峰顶的二人。这二人赌上生活、赌上名誉、赌上性命，而观战者也捏了一把汗，为那一步步棋欢呼雀跃，抑或顿足叹息。现如今各个头衔战的七局胜负在当年的擂争十番棋面前根本不足为奇，亦可反衬十番棋之非比寻常……
>
> 然而，言之非难，行之不易，要获胜更是难上加难。而长期征战十番棋并持续获胜的，放眼世间不过吴清源一人。这绝非易事。他站在十番棋的战场上，面对当代棋坛的核心人物——木谷实、藤泽库之助（朋斋）、岩本薰、桥本宇太郎、坂田荣男、高川格等，倾尽棋艺、匠心独运，将他们

——降下一级甚至两级，实在是令人惊叹。这在日本围棋史上前所未有。而在这些名副其实争夺日本第一的十番棋战中，在连续不断、迫人心魂的紧张决斗中，吴清源身后没有丝毫污点或阴影，这也值得大书一笔。

虽然是亲身经历，但在擂争十番棋这样残酷的比赛中，自己居然能持续争斗十五年以上，并且反复获胜，想来也真是感慨万分。

镰仓十番棋

昭和十四年（1939）九月，我的第一场十番棋决斗拉开帷幕。这是与木谷七段擂争十番棋的第一局。这场十番棋主要在镰仓的寺院里举行，所以此后被称作"镰仓十番棋"。

镰仓十番棋是我的第一场擂争十番棋。当时我才二十多岁，木谷也刚过三十，两人都是气势如虹的明星棋士，所以印象非常深刻。尤其在建长寺进行的第一局，是棋迷们关注的焦点。对我来说，这局和昭和八年（1933）以新布局与本因坊秀哉名人的对局同等重要，都是令我极为难忘的回忆。

先从镰仓十番棋的成立经过讲起。

昭和十四年（1939），日本棋界改革了升段赛的制度。此前的升段赛过于严格，不少棋士即便在升段赛全力以赴，积累近十年留下了尚可的成绩，但依然无法升段。这在棋士中引起了焦虑和不满,最后促成了规则的改革。秀哉名人引退之后,八段的位置其实是空缺的,七段作为最高段位,除了铃木、濑越、加藤这三位耆宿,较年轻的棋士只有木谷实一人。

这次改革废除了同一段位中甲组、乙组的上下级区分,采用了简易升段法。原先在升段赛中平均成绩达不到七十分以上就无法升段,但简易升段法颁布后,改为在昭和十四年(1939)、十五年(1940)两年间,只要平均成绩超过六十五分就可以升段。

这年春天的升段赛结束后,我就成了简易升段法的第一位受益人,于是升入七段,再次与木谷实同席而列。

我和木谷的比赛在几年前就已成为人气焦点,各家报社争相策划我们两人的比赛。时事新报社主办的十番棋下了六局,相继还有读卖新闻社的七局棋、每日新闻社的三局棋等。此间胜负基本持平。而我升入七段,与木谷地位相当之后,由于秀哉名人业已退位,所以我们两人的比赛就成了争夺棋界第一人的对决,自然是人气的王牌。

对于各家报社来说,两人的比赛由哪家承办至关重要。当时的读卖新闻社着眼于擂争棋赛的残酷竞争,于是同日本棋院签署了独家契约,擂争棋赛便全部由读卖新闻社承办。木谷得知这一消息后,便在与读卖新闻社围棋版的记者喝茶闲聊时表示,他想和吴清源用擂争决一胜负,无论下多少局都行。

读卖新闻社闻言迅速行动,马上着手策划木谷与我的擂争十番棋。对局的酬金定为一局每人七百日元。当时普通的酬金标准为一局三百日元,两人平分,所以这样的酬金是破天荒的高价。我一向不善应付金钱事务,自己有多少收入几乎一次都没算过,这次也听凭日本棋院的八幡干事和木谷商议决定。木谷告诉我，对局酬金的四成将被日本棋院预先抽走。

作为此次十番棋的比赛条件，其中某一方净胜四局后即降低对手的交战棋份。用时为每人十三小时，三天内下完。比赛期间必须住在指定的旅馆里，并实行封棋制。

考虑到擂争十番棋"生死对决"的性质，报社为了渲染严峻紧张的气氛，将对局场地选在位于镰仓的建长寺、圆觉寺、鹤冈八幡宫等地。

第一局从九月二十八日开始，持续三天，地点在建长寺的禅房。住宿则在靠近由比滨的镰仓海滨酒店。

猜先，木谷执黑。

木谷的棋从与本因坊秀哉名人的引退棋开始，一转新布局的重视势力而在高位落子的下法，变为走低位而坚实占地的棋风。稳扎稳打地占地，中盘时则一举打入对方阵势。因此，和木谷的对战大多是围绕打入的棋子来进行殊死搏斗。

这局棋也是一样。黑棋从低位开始占地，中盘则攻入白模样。但在黑棋坚实占地的同时，白棋也迅速扩张了模样，所以第一天黑棋让人感觉稍显落后。

第二天，黑棋果然打入了白模样中，于是演变成大战。打入虽看似成功，但局势对黑棋来说并无好转，黑棋略有苦战状态，且一直持续。

由黑77手开始，战斗进入了第三天。交战局面扩大，双方持续遇到难点。木谷一手一手苦思冥想，不断地长考。翻看记录可知，黑95手思考用时五十二分钟，97手用时六十五分钟，

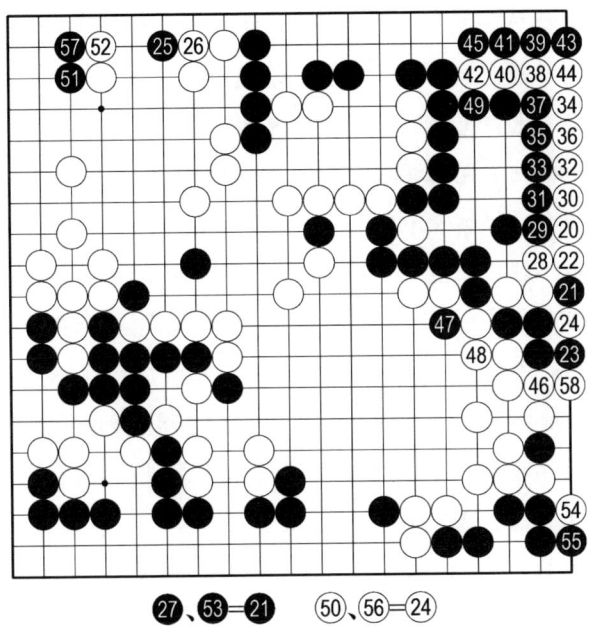

㉗、㉝ = ㉑　　㊿、㊽ = ㉔

101 手用时五十五分钟，足见其殚精竭虑。

白 120（谱 20）飞是失手，我一心想赚两目，结果遭到木谷的猛烈反击，形成大劫。木谷和我都抵死相争。接下来木谷下出左上角第 157 手（谱 57）的找劫材后，倒在棋盘一侧。这天的观战记者三堀将留下了如下的描述。虽然较长，但依然全文引用：

对局乃真枪实战，棋士们拼死相争。以降级为赌注的十番棋决战必然留名昭和棋史。而在这第一战的最后一天，月黑风高，邪气逼人，悲壮凄惨的一幕就此展开。

下出黑 157 手后，木谷七段鼻血涌出。我从未看过如此悲壮的棋局。隔扇和玻璃窗立刻被打开,冰冷的夜风从山上灌入,寒彻建长寺禅房的每一角落。

走廊上,比赛用时已经所剩无几的木谷七段闷闷地躺在地上。他一边用毛巾冷敷额头,一边挣扎着喊道:"对方思考的时候我也要去看看!"于是勉强起身坐到棋盘前,但又实在支持不住,只能叹道:"不行。"再度回走廊躺倒。昏暗而嘈杂的走廊上人来人往,远处山上的古杉,漆黑而寂静。

房间中央,明亮的电灯下,吴七段神情严峻地长考,不顾周围的纷扰。不,他或许根本没有听到周围的纷扰。三十分钟过去了,他的姿势依旧不变。忽然,他抬头看看天花板,双眼向上望,心魂却倾注于盘面。此前吴清源一言未发。第157手后,他对人们前后走动、拿水拿药的骚动毫无反应,三十分钟内只是长考。真是一心不乱。

"吴先生,怎么样,要不要稍微休息一下?"棋院干事八幡趁着他抬头,赶忙发问。

按八幡的心思,如果吴清源现在下出下一手,那么用时仅剩九分钟的木谷处境将会异常艰难。但如果吴清源落子后休息半小时或一小时,也就等于为用时窘迫的木谷提供宽裕的思考时间,这也不公平。所以他趁着吴清源还未落子时,询问是否休息。

吴清源安静地抬起左手看了看手表,答道:"快点下吧,这样可以早点结束。"

他决然地抬起头,对着走廊说:"木谷,你怎么样?还要休息吗?我要落子了。"

一时间四周鸦雀无声，沉默持续了几分钟。当面色欠佳的木谷七段用毛巾包着头，踉踉跄跄从走廊里走出来的时候，正是吴七段下出第158手（谱58），消完大劫之时。

"休息吗？"木谷七段问。

"休息吧。"吴七段说。

于是休战二十分钟。

吴七段在别的房间喝茶休憩。木谷七段依然需要冷敷，步履蹒跚地走远，身影消失在大彻堂的黑暗中。高桥四段悄悄以如下四字相示——"胜负不明"。

（摘自《吴清源擂争十番棋全集》第一卷）

而我却因为这段观战记录，遇到了不小的麻烦。

我当时并不知道木谷倒下是因为流鼻血。局面非常细微，黑棋一直在苦战。木谷可能在我失手后发觉黑棋局面转好，松了一口气后贫血发作。木谷在对局时一旦积压疲惫就很容易贫血。他曾在和桥本对局时贫血发作而倒下，休息了三十分钟。据桥本说，那局棋当时已进入收官阶段，三十分钟的休息时间里，木谷虽然躺着但在脑中持续计算如何收官，最后算准了自己可以胜一目。

实际上，当时我也根本没时间顾及木谷。或者说，完全不是该顾及木谷的时候。因为自己的失手，原本大好的局面突然变得胜负不明。我气血上涌，拼命地计算，全然不知周围发生了什么。如此重大的比赛，黑白棋在接近终盘时依然拥簇一团、胜负不分。在这种局面下，棋士正当殊死奋战、忘我拼搏，怎么会有闲暇顾及对手的身体状况？对于棋士来说，对手就是盘面上对方的棋子，只要棋子还在盘面上，浑然不觉对方状况的例子比比皆是。更何况"闷闷地躺在地上"这种描写过于夸张，木谷其实是躺在长椅上的，上述描写显然会让读者以为木谷痛苦不堪。

休息之后，棋局重开。进入收大官子后，第184手我又出现了失误，局面变成黑棋有利，按这样下去，黑棋会赢二三目。不过，木谷在终局前的第193手失手了，我再次抓住时机打劫，成功逆转，最后白棋胜了两目。

这是我近一百局擂争棋的第一局，自始至终都在拼死苦战。

比赛举行时是昭和十四年（1939），正是"国粹主义"思想蔓延全日本之时。此前"九一八"事变使战争爆发，日本虽然战而不宣，却在不断扩大战争。在日本国内，政府的宣传强调日本民族在亚洲的优越性，与此同时，将中国人称为"支那人"，甚至进一步污蔑为"清国奴"，主张"支那人生性愚钝"的论调也占据主流。不仅是报纸，就连少年杂志也刊载了嘲讽中国人的文章。

在这种蔑视中国人的世风之下，前文引用的观战记在报上刊登后，自然在读者中引起了轩然大波。

因此，木谷七段出鼻血而痛苦不堪时，我却视若无睹地继续下棋，这听起来就成了十分残忍的事。为什么不马上休息？为什么不去安慰两句？完全不懂武士情义，真是残酷无情的好胜狂魔！诸如此类的对我的非难之声纷纷涌向报社。

在我看来，这种非难是不懂围棋生死决斗的人才会做的。我和木谷当时正在棋盘上决一死战，木谷在拼命，我也在拼命。更何况只有这局的立会人八幡干事才有权力决定是否休息，我本身无权决定。

所以棋士之中并无一人非议我，木谷本人也因为读者的骚动而备受困扰。

但恐吓信最后寄到了我家。我把恐吓信拿去给濑越老师看，老师本来就谨慎小心，这下更加担心了。老师找了安永先生商议，安永认为："吴清源要是胜了十番棋，怕是有生命危险。"于是濑越老师为了是否中止十番棋而大伤脑筋。最终他还是决定让我继续对局，并鼓励我说："作为棋士，为了下棋而丢了性命也算是死得其所。好好下吧！"

因为这件事，有人还往我家扔石头，而濑越老师承担着召我来日本和决定比赛继续的双重责任，想必也是备受煎熬。

然而我在当时却并没觉得有多严重，或许是生性淡定的缘故。如果真是觉得很严重，大概也无法在那样残酷的对局中获胜了。此外，因为信仰红卍字会，所以我并不拘泥于民族、国界，能够一直保持平和的心态。

战后，大宅壮一用这次比赛作例，在杂志里撰文表示中国人是残忍的民族。读了文章的华侨非常愤慨，认为在中国犯下种种残忍罪行的日本人根本没有资格说这种话。作为我个人而言，如果批评说我个人残忍也就罢了，由此上升到全体中国人真是莫名其妙，实在令人不悦。

镰仓十番棋中，除了第一局以外另有诸多回忆。

昭和十五年（1940）六月，在圆觉寺举行了第四局对局。之前我已收获两胜一败，这局将是左右十番棋结果的重要战役。我虽然是黑棋，但因走棋过度反被白棋钳制，陷入苦战。进入收大官子时，我在必争之处打出了逆收官，险胜一目。如此累计三胜一败，为自己确立了优势。

关乎降级的第六局于昭和十五年（1940）十月举办，依然在圆觉寺。对局场地选在了寺内的归源院，这是一间小小的书院式茶室建筑，绿荫环绕，气氛宁静安定。

第六局前，我的名字从"吴泉"改回了为众人熟悉的"吴清源"。这是顺应广大围棋爱好者的要求。户籍上登记的依旧是"吴泉"，"吴清源"是类似笔名一样的称呼。

木谷输掉第五局后，干脆剃掉了珍爱的头发，成了光头。第六局对于木谷而言是"角番"（分晓胜负的关键一战），如果输了就会被降级。于是他削发明志，决心重振威风。而我本来就是光头，两个光头在僧房里对局，简直就像禅僧一般，二人哈哈大笑。结果第六局我又赢了，五胜一败，终于把木谷降为先相先①的棋份。

第七局是从昭和十五年（1940）年末到昭和十六年（1941）正月，地点在鹤冈八幡宫。在我连扳两手后，不料木谷居然连扳三手以对。记录员见此大惊失色，一不留神打翻了桌上的红墨水瓶，于是榻榻米上一片血红飞溅。这位记录员是喜多文子老师的入室弟子荻原佐知子初段。她作为记录员非常有名，业内评价很高，可惜在昭和二十年（1945）三月东京下町的大空袭中殒命，当时她年纪尚轻。

这局棋进入收大官子阶段后依然胜负不明、持续交战。但我由于先前赢了第六局，可能多少有些松懈。加上此局第三天的晚餐很好吃，我像平时没有对局时那样吃到饱腹，结果棋局重开不久便

---

① 棋份之一。以三局为一个单位，在三局中，棋力处于下位者执黑棋两局，执白棋一局。

在第 170 手失误，一大块棋被吃，原本有利的棋局以失败告终。

这场镰仓十番棋，到第六局为止，我五胜一败将木谷降级，第七局开始则是连输，后四局三败一胜。其他的十番棋也大都如此，将对手降级后，余下的棋局即使占据优势也常以失败告终。对我来说，虽然余下的棋局也与第一局一样拼命在下，但或许对于赢棋的执念已经有所淡化。如果想获胜，那就必须对赢棋有相当强的执念。而不可思议的是，只要我的气势稍微松懈，对手就肯定不会失误，我自己便也无机可乘。争胜的执念和气场若是十分强大，或许就能变成念力迷惑对手，导致对手失误。

围棋是两个人共同创造的艺术，同时，也是为了获胜的战斗。这是胜负的世界。胜负世界里永远要求获胜。不管怎样，如果不获胜，个人价值就不会被认可。

与木谷七段擂争十番棋成绩一览

第一局　1939 年 9 月 28—30 日　镰仓　建长寺　　　执白胜（二目）

第二局　1939 年 12 月 26—28 日　芝　环翠　　　　执黑胜（中盘）

第三局　1940 年 3 月 15、4 月 8、9 日　镰仓　圆觉寺　执白败（五目）

第四局　1940 年 6 月 12—14 日　镰仓　圆觉寺　　　执黑胜（一目）

第五局　1940 年 8 月 4—6 日　伊香保　天宗寺　　　执白胜（中盘）

第六局　1940 年 10 月 16 日—18 日　镰仓　圆觉寺　执黑胜（中盘）

第七局　1940 年 12 月 29 日、1941 年 1 月 7、8 日

　　　　镰仓　鹤冈八幡宫　　　　　　　　　　　　执白败（中盘）

第八局　1941 年 3 月 5—7 日　镰仓　鹤冈八幡宫　执白胜（中盘）

第九局　1941 年 5 月 8—10 日　镰仓　圆觉寺　　执黑败（中盘）

第十局　1941 年 6 月 4—6 日　镰仓　鹤冈八幡宫　执白败（中盘）

本因坊战

前文曾提及昭和十三年（1938）本因坊秀哉名人与木谷七段进行的"引退棋"。秀哉名人在引退之时，提出将本因坊的头衔转让给日本棋院。日本棋院接受这一头衔后，重新举办了日本锦标赛，得胜者将赢得本因坊头衔。这就是本因坊战的由来。

现今的每日新闻（当时是东京的日日新闻和大阪的每日新闻）投入大量资金，得以签约主办本因坊战。每一期本因坊的在位时间定为两年，每两年会在现有的本因坊与挑战者之间举行一次本因坊争夺战。现今的棋界设立了各种名目称号，以及围绕这些称号的头衔战，而在悠久的围棋史上，此时的本因坊战是头衔战之始。

不过，本因坊战得以实现之前，棋士们曾为此大闹了一番。那个时代依然因段位之别而棋份森严，对于当时的棋士而言，和比自己段位低的棋士以互先对局并不容易接受。此外，以长老级棋士为中心的一部分人，也认为贴目违反了真正的围棋精神，因此不予承认。一时间此事闹得沸沸扬扬，当时棋院的主流甚至认为，都闹到如此地步，不如不要举办本因坊战。

昭和十二年（1937）元旦即发布预告的本因坊战，之后多次险遭破产。最后因为相关人士的热忱，好不容易才付诸实现。昭和十四年（1939），第一期本因坊战拉开帷幕。

第一期本因坊战的预选耗时两年，正好和我与木谷的镰仓十番棋同期举行。本因坊战的赛制如下：首先选出八位挑战者候选人。八人包括所有七段位棋士，其余从四段及以上的低段位选手中产生。八人参与四次淘汰赛，每次淘汰赛的第一名得五分，之后分数按排名递减。四轮淘汰赛后，按总分高低排序，第一和第二名再进行六次对局，得胜者赢得本因坊头衔。

我在四轮淘汰赛中，一次第一名，一次第二名，另两次第一局就输了。虽然在八人中胜率最高，但总分位居第三，无法出席决赛。这次淘汰赛总分第一的是关山利一六段，第二是加藤信七段，这两人以六次对局角逐本因坊头衔。结果三胜三负持平，只得用淘汰赛的总分来决定，于是关山利一当选第一期本因坊。昭和十六年（1941）九月，关山六段晋升七段，与此同时，得名本因坊关山利仙。

第二期本因坊战，在决出第一期本因坊的昭和十六年（1941）就开始了。我当时忙于十番棋、结婚还有宗教等事务，比赛成绩并不好。最后桥本宇太郎位列淘汰赛第一，得以挑战关山本因坊。挑战赛在昭和十七年（1942）五月开始，第一局桥本获胜。七月举行了第二局，但关山本因坊在第67手突然昏倒，旧病复发，此后的对局无法进行。关山因此放弃了卫冕战，将本因坊称号归还给棋院。关山本因坊无法继续对局时，他门下的年轻弟子梶原武雄挺身而出，向棋院申请说："让我来代替师父下吧！"棋院当然拒绝了这一请求。但此事却让人对血气方刚、维护师尊的青年梶原肃然起敬。

关山七段归还了本因坊称号，于是第二期本因坊由桥本就任,得名本因坊桥本昭宇。

接下来的第三期本因坊战,最终预选淘汰赛分成四组,每组八人,各组决出第一名后进行循环圈赛,获胜者向桥本本因坊挑战。

最终预选淘汰赛举办时正值昭和十九年(1944),日本在太平洋战争中已经开始溃败,日本国内也经常能在空中看到敌机。我在淘汰赛中连连获胜,又在十一月的组内决赛中赢了濑越老师,成了循环圈赛的四位成员之一,准备争夺挑战者之位。

然而当时战局告急,日本国内陷入了严重的粮食危机,大家为了避免空袭纷纷逃离东京。日本棋院里能安心下棋的棋士越来越少,棋院的运营也已陷入瘫痪而溃散的状态,没人能明确告知比赛在何时何地举行。桥本虽然在有比赛时会来棋院,但他打算回大阪的宝冢避难,每次来棋院都会整理东西并且打包。

因为缺乏食物,我患了慢性营养失调。在当时的配给制度下,大米不够,水果则是一周配给半个苹果,副食品也只有做豆腐后残余的豆腐渣。这样的配给根本无法维持体力。于是我每周一次前往濑越老师介绍的农家购买食物,如此才可以勉强保持体力。那户农家位于东京郊外的国立,濑越老师的弟弟经营的公司在那里有个农场,农家租借了农场来种东西。我没有体力,去买食物的时候,肩扛手提,合起来至多能负担二十公斤,这只是别人一半的量。为了在通过车站检票口时不让大米被人发现,我就把大米铺在波士顿包的底部,然后盖上蔬菜。回到家后,把大米倒入一升装的瓶子里,之后还有用木棒捶打去壳、捣成精米的任务等着我。

总之,当时根本不是可以安心下棋的状态。我在营养失调的状况下忙于购买食物,此外还要参与宗教活动,所以在昭和十七年（1942）秋天到昭和十九年（1944）春天的升段赛中，我的成绩前所未有的糟糕。

第三期本因坊组内决赛时，我和濑越老师对局。当时我已经结婚，搬出了濑越老师家里的那栋房子。濑越老师也把主屋卖了，只留我曾住过那栋房子，然后搬去了广岛，有事的时候才来东京。

和濑越老师的对局在位于东京中目黑的桥本文治家举行。我和老师都穿着国防服、缠着绑腿。对局中两度响起空袭警报，每次我们都立刻中断对局，逃去防空洞避难。炸弹落在了离桥本家很近的目黑雅叙园边。这是我在战争结束前的最后一次比赛。

就这样，我虽然入选了第三次本因坊战的挑战者循环圈赛，但之后在哪里下，或者到底下不下都全然不知。日本棋院大概也认为这次比赛会无限延期或终止，打算不了了之。

谁知本因坊战的预选赛依然撑到了最后，岩本薰七段成了挑战者。

第三期本因坊战的挑战赛就在桥本本因坊和岩本七段之间展开。第一局于昭和二十年（1945）七月二十四日开始，在广岛市内举行，濑越老师担任立会人。第二局原计划八月四日到六日在同一地点举行，但政府相关人士强烈警告说太危险，于是急忙换去郊外的十日町。八月六日，对局第三天。接近终局的时候，广岛市内被投下原子弹，烈火包围之下，市区尽毁。据桥本说，在离市区十公里远的对局地点也受到了强烈的冲击波的影响，门窗都被掀翻，窗玻璃震得粉碎，如果按原计划在市区对局，三人肯定会化为焦土，消失在广岛的废墟中。好在岩本、桥本和濑越老师都平安无事,但濑越老师的三儿子因为正在"勤劳动员"[1]而遭到辐射,虽然在同学的帮助下勉强回到家,但十天后就去世了。他还只是个中学生。

红卍字后援会

话说回来,昭和十三年(1938),相关人士想以原先的大本教信众为中心,成立红卍字会日本分部。其中的三人曾经到访我家,但我当时正在富士见疗养院养病。三人中有一位叫小田秀人,他从京都大学毕业后做了教师,此间对心灵学产生兴趣,于是辞去教师一职成了研究心灵学的专家。他在学生时代很喜欢围棋,经常去京都吉田塾,那里是学生围棋界的聚集地。

据小田说,当时他们以大岛丰为核心,打算成立红卍字会日本分部,所以来找我。

大岛此前曾担任大本教教主出口王仁三郎的秘书,后来因与其意见相左,离开了大本教。之后,他创立了名为善邻协会的学校,专门扶助东亚人。他作为学校的理事长相当活跃,招收了很多来自中国内蒙古的青年留学生。

大岛在大本教时就已经成了红卍字的信徒。大本教被镇压后,中国的红卍字会和日本红卍字信众间的联系被切断了,他于

---

[1] 二战末期,日本国内劳动力严重不足,政府于1943年起抽调中学及以上学校的学生参与军需以及粮食生产,称为"勤劳动员"。

是开始思考该怎么办。当时他因为要从中国内蒙古招留学生，经常往返于中国和日本之间，于是去了位于北京的红卍字总院，咨询成立红卍字日本分部的事。对方告知说，在日本有位叫作吴清源的红卍字修方，可以找他商量。

第二年，我从富士见疗养院出院后，马上就与大岛、小田共同商讨建立红卍字日本分部的事。既然要成立分部，就得具备用来修行的道院。但我是职业棋士，大岛也有善邻协会的工作，两人都无法全职参与。于是就由小田担任筹建责任人，大岛做理事，我则是参事。

想成立红卍字会日本分部，就必须取得日本政府的许可。而日本当时正对中国展开军事行动，也在中国造了不少神社，意图向中国宣扬神道。我们去申请许可时，日本政府回应说："红卍字会对中国人和日本人一视同仁，积极救济援助。教义健全，毫无政治色彩。但现在正是日本向中国弘扬神道之时，作为政府，无法批准从中国输入宗教。"所以我们无法拿到许可。

万般无奈之下，我们只好放弃成立日本分部，转而成立红卍字日本后援会。理事长由"满洲国"长官远藤柳作出面担任。宗教的"后援会"虽然前所未有，听起来也奇怪，但当时实在是没有别的办法。

红卍字后援会成立后，我们努力与中国的总部保持密切联系。但战争一路扩大，中日关系日益险恶，日本军队占据红卍字发祥地——济南道院，将其作为军营使用，结果出现了打着红卍字后援会的名号而在中国作恶的人。此外，从大陆寄来的东西全部会被查验，接收坛训（神明的启示）也变得极不自由。在这样的情况下，红卍字后援会没能开展多少活动。唯一值得一提的，是在昭和十四年（1939）天津遭遇大水灾时，我提议募集救济金，于是常务理事松井中将作为代表，将募集到的四万日元救济金亲自送往中国。而我自己的主要工作，不过是翻译了一些道院寄来的有关红卍字教义的书籍。

昭和十五年（1940），红卍字后援会已然名存实亡，没有实质性的活动了。这样下去也没有意义，于是我提议解散。理事会权衡后表示同意，后援会就此解散。

解散后，为了不使红卍字的星火断绝，必须找一处能供奉本尊"至圣先天老祖"的地方。另外，全职工作的小田因为解散而失业，也要为他解决工作。最后我们决定把本尊供奉在称为篁道大教的神道宗教团体那里。当时的红卍字后援会事务所位于赤坂丹后町，距离篁道大教的场馆很近。

篁道大教是以峰村教平为教主的宗教，神示是以文字形式显现在纸上，与红卍字的宗教形态相似，场馆距离红卍字后援会的事务所不过几间房，两教的信徒因此也有交流。

教主峰村教平原本是实业家，办过很多实业但都失败了，一度破产。后来他发现义弟峰村三夫的灵验感应很强，于是宣称峰村三夫是侍奉神明的人，由此成立了篁道大教。

峰村教平认为，只靠宗教无法维持收入，所以提倡教业一体。"业"不是指心灵的修行，而是指实业。他觉得如果把实业和宗教作为一体来传教，那么随着信众的增加，财力也会提升。后来峰村三夫得到神启，说是在长野的黑姬山附近有能出铁砂的山。于是峰村教平开始四处借钱，在那里置备了开采铁砂的设备和炼铁炉。

小田跟着红卍字的本尊一同迁移到了篁道大教,为了实现铁砂开采事业而全力以赴地工作。他去政府的军需省请求资金支援,又向银行申请融资,较之信仰,反而更多地为实业而四处奔忙。

在红卍字后援会解散后,我与中国的红卍字总会失去了联系,作为代替,我开始频繁地出入篁道大教,与峰村教平和峰村三夫有了往来。

我出入篁道大教后一年不到,这个神道教团更名为"玺宇"。

我的婚姻

进入昭和十五年(1940)后,中日战争的局势进一步激化,在日本的中国大使馆遭到封锁,绝大多数在日华侨纷纷回国。终于到了连我的家人们也不得不回国的时候。

如果家人们回国,我就会变成孤身一人,必须得找人来照顾我的生活。在此之前,我认为年轻女性中可能没有能够理解红卍字信仰的人,所以没有考虑过结婚。但此时的我却急需建立家庭。

我于是拜托了喜多文子老师,请她为我物色合适的结婚对象。

喜多老师对宗教非常热忱。她原本是佛教信徒,从禅宗开始,到时宗、净土真宗……最后到日莲宗,一连转了八个宗派。之后又放弃佛教信仰而转向神道。

她改信神道的契机很有意思。喜多老师有众多业余学围棋的弟子，也努力在新桥的艺伎中普及围棋。每逢周二，她都会让伊藤有惠等弟子协助，在棋院二楼与艺伎们下棋。在她的热心指导下，艺伎们的棋力普遍提升，其中有位叫小缔的艺伎甚至获得了初段段位。小缔的初段贺宴在新桥的高级餐馆举行，我也受邀出席。之后，小缔从艺伎行业引退，嫁给了和神道有关的人。小缔的丈夫向喜多老师宣传神道，最后得以让喜多老师从佛教改宗神道。

说一件不相干的事。我有个习惯，每年的正月初一都会和濑越老师去参拜明治神宫，然后一同去望月先生家拜年。与濑越老师分开后，我往往会接着去喜多文子老师家。每次去时，她的四位女弟子也会在那里欢聚一堂。这四位都是女子棋士或尚未出道的新锐，大弟子是荻原佐知子，最末的弟子是本田寿子（现在的杉内九段的夫人——杉内寿子八段）。我和喜多老师的这几位女弟子们共进新年饭，每每相谈甚欢。

言归正传。喜多老师因为改宗神道，从而结识了簧道大教的峰村教平。峰村于是成了我和喜多老师共同认识的人，喜多老师就请他帮我寻找结婚对象。

过了不久，峰村将中原健一先生的长女和子介绍给我。中原先生是峰村的远亲，在峰村当年兴办各种实业时，曾提供部分资金。

我既然把婚事全权托付给喜多老师，便听从了她和峰村的安排，马上开始商议订婚。昭和十六年（1941），即将入夏的时候，我与和子订婚。之后我便搬出了濑越老师家的那栋房子，住进了位于中野的中原家。母亲看到已经有人能照顾我了，也就放心地开始做回国的准备。

昭和十六年（1941）八月，母亲和妹妹回国，留下了我和正在实践女子学校读书的小妹。我把她们送到大阪港，目送驶向天津的船缓缓地离港，依依惜别。母亲和妹妹即使回到中国，在战乱的环境下也未必能过上安定的生活。想到这些，我真是心如刀绞、万分难受。

昭和十七年（1942）二月七日，我与和子在明治纪念馆举行了婚礼。萱野长知夫妇和喜多六平太夫妇做了我们的证婚人。当时正处于非常时期，煤炭不足，婚礼场馆异常寒冷，我们被冻得瑟瑟发抖，但依然庄重地完成了仪式。参加婚礼的有濑越老师夫妇、井上一郎、桥本宇太郎、木谷实、远藤柳作、小田秀人、峰村教平、峰村三夫等。

成婚之时，我二十八岁，和子二十岁。

婚后，因为我们都和峰村教平认识，所以夫妻二人比以前更加频繁地出入玺宇。

两次擂争十番棋

昭和十六年（1941）六月，我与木谷七段的镰仓十番棋落下帷幕。读卖新闻社于是开始策划下一场擂争十番棋。报社认为，如果想引起围棋爱好者的关注，那么棋界泰斗、棋正社总帅雁金准一八段是做我对手的独一无二的人选。雁金先生虽然在野，但秀哉名人去世后，他已然是棋界辈分最高的人。当时日本棋院并没有八段段位的人，按规矩，没有人可以和雁金先生以互先下棋。不过雁金先生以前曾说："如果是吴清源，我倒是想和他以互先下一次。"读卖新闻社于是将我作为日本棋院代表，打算让雁金八段和我以互先形式进行擂争十番棋。读卖新闻社的另一个意图是，雁金八段当年因为和本因坊秀哉争夺名人之位失败而下野，如果这次雁金先生赢了，那就可以顺水推舟，将他推举为围棋界大长老。

然而雁金先生隶属于棋正社，这是他和秀哉名人关系破裂之后自立的棋社。因此日本棋院和棋正社的关系一向不佳，尤其在段位问题上争执不下。日本棋院不可能轻易同意与棋正社进行擂争十番棋。结果，雁金先生为了使这次擂争十番棋得以进行，毅然离开棋正社，重新成立了琼韵社。而棋正社的棋士们仰慕雁金先生其人，除了高部道平八段外，纷纷加入了琼韵社。

日本棋院见雁金八段离开了棋正社，也就没有理由再拒绝与他对局。我与雁金先生的擂争十番棋终于得以举行。

比赛用时方面，雁金先生希望时间长些，我则希望短些。读卖新闻社从中斡旋，折中定为每人各十六小时。对局地点选在位于镰仓腰越的读卖海洋道场。读卖新闻社为了这次对局，在道场主建筑边的松树林里新盖了茶室风格的对局馆，从那里可以望见大海。

这次的擂争十番棋，我若是输了，就会有损日本棋院的名誉，所以很紧张。雁金先生不是日本棋院的棋士，我几乎没怎么和他下过棋，也没有研究过他的棋谱。唯一一次对局是在我还是四段的时候，读卖新闻组织了淘汰赛，我在打到第十人时遇到了雁金先生，当时执黑赢了二目。那次对局是在数寄屋桥的旅馆里，是我来日本后第一次住在旅馆里下棋。

濑越老师此时在日本棋院身居长老级别，而在他入段之前，雁金先生就已经位居六段，很受本因坊秀荣名人的喜爱。雁金先生计算超绝，秀荣名人曾赞誉说："雁金计算神速，简直无可匹敌。"而他同时还是治孤的名手。与我迅速展开的棋风不同，雁金先生的棋风坚实无比，进入中盘后往往如坦克般力量雄强、所向披靡。

昭和十六年（1941），自八月五日起的三天时间里，我们住在"读卖海洋道场"，进行了第一场对局。雁金先生执黑先行，但他已经很久没有参加公开比赛，未能发挥出应有的实力，我的白棋在中盘就赢了。

第二局从十月一日开始，我执黑棋。在这局棋里，我终于感受到雁金先生可怕的实力。他的棋韧性极强，这种韧性的厉害程度，我在与其他棋手交手时从未体会过。第一天就进入了激烈的绞杀，肉搏战一般的恶斗持续到第三天，胜负依然未分。我在中盘后就一直恶战苦斗，殊死抵抗雁金先生的猛烈攻击。白棋以略占优势的局面进入了第三天，到了晚上，我们两人都已筋疲力尽，尤其雁金先生年事已高，旁观的人说先生当时早已气喘吁吁。虽然黑棋持续苦战，但胜负依然不明，绞杀仍在继续。这时雁金先生的身体大概到了极限，在第208手出现了失误。先前的激战瞬间转为黑棋有利的局面，最后我赢了六目。雁金先生如果没有失误，使得白棋获胜的话，此局定然会成为流传后世的白棋名局。

第三局在年关将至的十二月二十七日至二十九日举行。我执白棋。雁金先生的黑棋打入白棋的大模样中，将治孤名手的绝技发挥得淋漓尽致。我的大模样溃不成军，最后输了四目。

第四局从昭和十七年（1942）二月二十五日到二十七日举行。在对局开始前不久的二月七日，我举行了婚礼，这是我婚后的第一场比赛。我执黑先行。如果这局赢了，局势对我会相当有利，但如果输了，就会胜负持平而重回起点，所以是至关重要的一局。我抢先占了大场，第三天下午黑棋开始取得优势，我深思熟虑、步步为营，终于赢了三目。第四局获胜后，我累计三胜一败。

第五局开战前夕，昭和十七年（1942）三月初，为了一些宗教上的事，我与小田秀人一起去中国和朝鲜旅行了大约两个月。旅行的主要目的是去访问中国的红卍字会，如果中国的红卍字会依然机能健全，我们便想仿效当年大本教的做法，让玺宇和红卍字会展开宗教上的交流。这也是教主峰村教平的意愿。借此机会，我们打算去北京红卍字总院，请道院向日本派遣布道团。

当时，日本在北京设有称为"兴亚院"的行政机构，由青木一男先生担任大臣。我们拜访了在此机构负责调查、监督宗教动向的志智嘉九郎先生。志智先生和桥本关系很好，在战后还担任过关西棋院的理事。他很愉快地接待了我们，问了不少有关红卍字的问题，我们一一给予详细的说明。

第二天，我们在志智先生的陪伴下走访了红卍字北京总院，见到了世界红卍字会的大长老——许兰洲先生，我们于是向他请求派遣布道团。许老先生马上组织了扶乩来请示坛训。坛训指示说，我们应该先去参拜天津的红卍字，再去济南道院请示此事。之后的一天，我出席了在来今雨轩举办的欢迎宴会。来今雨轩是我儿时经常和别的棋士对弈的地方，那天的筵席极为丰盛。

从北京总院出发后，我们先去天津的道院巡礼，然后远赴"满洲"、朝鲜，五十天后来到了济南道院。我们请坛训开示，坛训告诉我们，在目前动荡的时局之下，派遣布道团并不适宜。中日关系日益险恶，宗教上的交流已成为不可能的事。

和雁金先生的第五局从五月二日开始，但我在三天前才刚回到日本。我担心仍旧疲惫的身体可能无法支撑耗时三日的激战，谁知棋局走势得心应手，我执白在中盘就赢了。

我在这段时期里热衷于信仰，较之比赛，信仰才是我心中最重要的。昭和十三年（1938）从富士见疗养院出院后，虽是大病初愈，但我终日奔波于宗教和比赛之间，殚精竭虑。现在想来，身体在那样超负荷的状态下竟然也承受住了，疾病没有复发，真是不可思议。或许是因为当时比较年轻，不论宗教还是比赛都可以拼命吧。

到第五局为止，我与雁金先生的擂争十番棋已经累计四胜一败。如果第六局继续赢，雁金先生就会被我降级。相关人士考虑到雁金先生的身体和名誉，决定就此终止。

与雁金准一八段擂争十番棋成绩一览
第一局　1941年8月5—7日　读卖海洋道场　　　　执白胜（中盘）
第二局　1941年10月1—3日　读卖海洋道场　　　　执黑胜（六目）
第三局　1941年12月27—29日　读卖海洋道场　　　执白败（四目）

第四局　1942 年 2 月 25—27 日　读卖海洋道场　　执黑胜（三目）
第五局　1942 年 5 月 2—4 日　读卖海洋道场　　执白胜（中盘）

和雁金先生的擂争十番棋结束时，日本已经引爆了太平洋战争，日本国内的生活完全进入战时状态。围棋界也在昭和十六年（1941）年成立了"棋道报国会"，派遣棋士们去慰问各地的伤兵和"勤劳动员"的人们。昭和十八年（1943）夏天，我也随团前往位于釜石的制铁厂慰问。团长由岛村利广六段担任，我们都穿着国防服，戴着战斗帽，缠着绑腿。前往釜石的路上会穿过很多隧道，蒸汽火车吐出的浓烟在隧道里无法消散，大家都被熏黑了。头发被浓烟熏得油光闪亮，在洗脸池里洗了很多次都洗不掉，只好作罢。

慰问时的主要工作是和伤兵们下棋，倒也并不费力。

后来，连棋士们也开始被征兵。进入军队后，有些棋士凭借下棋而多少好过一些。典型的例子就是岛村，他所在部队的将校非常喜欢围棋，于是把他调去当了随从，专门陪自己下棋。岛村因此未曾出征前线，平安无事地回来了。

与之相反的则是我的同门井上一郎。井上很早就被征兵了，入伍后，他被问道："有什么愿望就尽管说。"他如实答道："可以的话我想去比较轻松的部门。"结果被骂："真是放肆！"于是被派去了紧邻中蒙边境的诺门罕。众所周知，诺门罕之战中，日军遭苏联装甲车重创而溃败不堪，几乎全军覆没。井上在那里染上疾病，作为伤兵被遣返日本。

昭和十九年（1944），我们濑越一门在赤坂聚会，当时井上和桥本在角落里窃窃私语。我觉得很奇怪，不知道他们在说什么，事后想来，可能井上在说有关自己在诺门罕遇险的事。当时诺门罕之战被下了封口令，完全没有公开。

井上因为在军队里染上的疾病，战争结束不久就过世了。

回到擂争十番棋。

和雁金先生的擂争十番棋结束后，我和木谷在昭和十八年（1943）秋天一起升入八段。继雁金先生后，读卖新闻社又开始寻找可以与我对擂十番棋的人，但在八段中已无适当人选。他们于是把目光转向了正以破竹之势升段的藤泽库之助六段。藤泽六段当时被誉为"执黑无敌"，棋风虽朴实无华但坚实强劲，执黑时不会给白棋任何可乘之机。执白与藤泽对垒的棋士往往未及施展拳脚，就已被踢出局外。当时我曾在升段赛中两度败给执黑的藤泽六段，一次都没赢过。

和藤泽进行的擂争十番棋，因为他是六段、我是八段，所以按照棋份，对局是藤泽的定先[①]。我认为执白应对藤泽一定很吃力，而与雁金先生的十番棋加之另一些事的疲劳也尚未消除，所以对此并不积极。当时藤泽晋升七段已然在望，我希望等他升段之后，以先相先来对战十番棋，但组织者最终还是说服了我。

这次的擂争十番棋是藤泽六段的定先，即使他在比赛途中升入七段，只要我还没被他降级，就依然持续定先，直到对局结束。如果我被他降级，棋份就会变为先相先。但藤泽马上就要升七段，

[①] 棋份之一。以三局为一个单位，棋力处于下位者每局都执黑棋先行。与"让先"同义。

我即使被降，也与七八段间的一段之差并无二致。所以藤泽虽然是劲敌，但我并没有像与雁金先生的十番棋对局时那样紧张。

昭和十七年（1942）十二月二十七日，第一局在位于芝的环翠旅馆拉开帷幕。面对"执黑无敌"的藤泽，我将全都执白棋应战。对局用时为每人十小时，两天内下完。

第一局时我没能突破黑棋的铜墙铁壁；第二局首度突破，扳成平手；第三局黑棋又胜；第四局我执白赢回来。如此胜负交替，相持不下。

我与雁金先生下十番棋时，由于国家对纸张的统一管制，报纸已经渐渐变薄，到了我和藤泽的十番棋，晚报已然停刊，只剩早报。早报也只有一张纸，仅正反两面。围棋栏被迫缩小，不用放大镜几乎找不到我和藤泽的对局棋谱。但即使如此，读卖新闻社依然坚持刊载。

第四局结束后，藤泽升至七段。按照事前约定，对局依然以让先继续。

第五局我赢了；第六局藤泽追回；第七局我再次奏凯。一进一退，持续反复。

这次的十番棋是以藤泽的定先进行，大家原本预测黑棋会获得压倒性的胜利，不料第七局结束时我执白四胜三败，白棋也算是骁勇善战。

第七局结束后，昭和十九年（1944）春天，征兵令终于寄到了我家。第二天，我无奈地带上装着日用品的包裹，前去报到。然而体检显示我的身体很差，无法劳动，因此免除兵役。我终于松了一口气，然后回家了。

第八局到第十局在昭和十九年（1944）五月到八月间举行，当时所有人都察觉到日本败局已定。而我忙于购置食物，完全无法安心下棋，结果成了三连败。

我和藤泽七段的擂争十番棋以四胜六败告终。面对藤泽的黑棋，我的白棋顽强搏斗，颠覆大家的预测，留下了接近平手的成绩。战后，我和藤泽还进行过另外两次擂争十番棋。

与藤泽库之助六段擂争十番棋成绩一览

第一局　1942年12月　　　执白败（三目）

第二局　1943年2月　　　　执白胜（中盘）

第三局　1943年4月　　　　执白败（三目）

第四局　1943年6月　　　　执白胜（四目）

第五局　1943年9月　　　　执白胜（中盘）

第六局　1943年11月　　　执白败（三目）

第七局　1944年2月　　　　执白胜（中盘）

第八局　1944年5月　　　　执白败（中盘）

第九局　1944年7月　　　　执白败（中盘）

第十局　1944年8月　　　　执白败（中盘）

东京大空袭

前文也曾提及，昭和十六年（1941）开始，中日战争规模扩大，中国和日本的通信会被严格查阅，最后连红卍字总院的坛训也无法传达至日本，日本的红卍字活动于是被迫终止了。

或许我的信仰还比较肤浅，日本的红卍字解散后，我寻求着精神寄托，而"玺宇"的宗教形态与红卍字相似，我于是被其吸引。小田秀人当时也在玺宇任职，我的妻子是教主峰村的远亲，也去帮忙。不知不觉地，我和妻子双双成了玺宇的信徒。

昭和十七年（1942），秋意渐浓的时候，有一位家住蒲田，名叫长冈良子的女子开始出入玺宇。她原本是佛教的信徒，信奉弘法大师，感应力非常强。由于常常用法力给人治病，她自己也有很多信众，信众们称她为"蒲田夫人"。

"蒲田夫人"有一座矿山，这是在青森的信徒供奉给她的。为了开矿，"蒲田夫人"当时正在寻找投资人，因为这层关系而与玺宇结缘。

不久，她趁着峰村三夫为矿山业务出差的时机，代替三夫向信众们解释神示，指导信教的方法。她非常有宗教魅力，不知不觉中，她在玺宇信徒中的威望已然高于峰村教平，成为玺宇不可或缺的人物。

我记得那是昭和十八年（1943）的事。

"蒲田夫人"出版了一本名为《心诚之人》的小册子，主要在自己的信徒和玺宇信徒间派发，其中的内容大概与佛教相关，也写到她自己梦见"天照大神"，得到了拯救众生的神谕。然而这本册子被警察盯上了，她被鹤见警察署拘留搜查。我不理解她被搜查的理由，便去找了当时的内务大臣大达先生。我向大臣说明情况，询问为什么必须搜查她。大臣马上致电鹤见警察署，警察署回答罪状是"不敬罪"。

能在现世接近"天照大神"的，唯独"现世的人神"——天皇陛下一人。普通的庶民臆想自己可以接受天照大神的神示，还加以宣传，就明显是僭越，这是对天皇的不敬。

"蒲田夫人"在被拘留搜查时毫不慌乱，恰当地指示信徒们烧毁对她不利的书籍，并安排好自己不在时的各种事宜，然后平静地跟着警察走了。在她被拘留期间去探望她的人回来说，她完全没有因此烦恼，很笃定，还帮同室的人捉虱子。

其实玺宇也将"天照大神"作为本尊来祭拜，警察曾暗中侦查过，但因为峰村教平并没有很大的社会影响力，所以就此作罢。而"蒲田夫人"在不少地方都有信众，尤其在以金泽为中心的北陆地区有很多信徒。她在北海道的函馆也有信徒，这位信徒主业经营海产批发，频繁来往于东京，按照"蒲田夫人"的指示供奉了很多东西，青森的矿山也是由他供奉的。他热衷信仰而疏于打理生意，最后破产了。

进入昭和十九年（1944）后，谁都清楚日本已在太平洋战争中陷入苦战僵局，我们这些普通百姓苦于粮食不足，而且为频繁的空袭而倍感不安。原本在实践女子学校上学的小妹也已无法继续学业。我考虑到未来的局势，觉得必须让她回中国，于是让小妹坐上了飞往上海的军用机。

小妹走后，我所有的家人就都回中国了，只剩我一人留在日本。

到了昭和二十年（1945），空袭愈发频繁，在农村有亲戚的东京人都纷纷离开东京，将家人和产业都迁至农村。我们夫妻二人一直与玺宇的信众共同行动，所以没有考虑过离开东京。峰村三夫此时因为铁砂开采事业而经常出差，我们就代替他在玺宇本部住下，坚守阵地。

三月，下町地区遭遇大空袭，成了一片焦土。喜多文子老师的入室弟子荻原佐知子初段在浅草葬身火海。

玺宇教主峰村教平此时正"背负因果"（宗教用语，指生病）而卧床不起。峰村三夫代替教平，和小田秀人一起为了铁砂开采事业奋斗，但最后期望落空，在债主追讨之下只得又宣告破产。峰村教平每逢空袭警报响起都惊慌失措，而相较之下，"蒲田夫人"则一向镇定自若，能够恰如其分地给出指示，所以信众已然转而信奉"蒲田夫人"。

四月二十三日，东京大空袭。我们住的地区也遭到了轰炸。大家把病中的峰村教平抬上手推车，带着他一起逃离火海，前往新宿御苑。

逃离火海的人群非常混乱，我们戴着防空头巾，拼命辨识路线，总算到达了新宿御苑。但御苑戒备森严，不接受避难的人群。我们只好转变方向，赶去明治神宫外苑，在那里避难。

空袭结束、大火也平息后，我们抱着一切都已化为焦土的心情往回走，没想到玺宇馆舍所在的那片街区完好无缺。由于消防员们的努力，火情终止在数百米外的另一条街。

然而平静仅仅是一时的。五月二十五日，大空袭再度降临，我们的街区这次成了直接攻击的目标。轰炸停止后我们从防空洞出来，发现四周已是一片火海。一位信徒认为，比起逃到下风口，不如直接逆风冲出火墙，这样就可以马上到达一个月前已被烧毁的邻街，能更快得救。

我们重新系紧防空头巾，将肩膀以下的部位用水淋湿，每人轮流喝了一口一升瓶里的水，然后把峰村教平抬上手推车，冲向了火海。我没有体力，无法背重物，于是抱着装满水的一升瓶和大家一起逃跑。

大火熊熊燃烧，房子全被烧毁，卷起的旋风在头顶呼啸。烧焦的木片四处飞溅，灼热的铁皮在空中飞舞。着了火的粉末宛如红色的雪花，漫天倾撒。我们低着头，齐心协力地往前走，总算穿越火海，到达了早已烧毁的邻街。回头一望，却见自己的街区被火海包围，烈焰染红了夜空。

我们集合后，首先确认是否所有人都已平安到达，得知全员都已经到了，大家总算松了一口气。远处，我们的街区在火海中一点点沉没。大家就这样茫然地望着，望了很久。

大火平息后，我们分成两组。一组以"蒲田夫人"为中心去四谷的军营避难，另一组以峰村教平为中心，前往四谷的永心寺避难。我们跟着"蒲田夫人"走了。在避难所的两三天里，我们喝着赈济的米粥，峰村教平则与"蒲田夫人"聚首，商议十几位信众的安身之处。所有人除了身上的衣服之外，没有带出任何财物，是名副其实的身无分文。

商议的结果是，峰村三夫、染病的教平和几位信徒一起去山中湖畔峰村的别墅避难，而剩下的十人则与"蒲田夫人"一起行动。我们夫妻二人和大家一样身无分文，便也跟随"蒲田夫人"。

离开四谷的军营后，我们一行先去世田谷区鹈之木的一位信徒家中稍事休息。失去家园后，我们对"蒲田夫人"信仰益深，遵照她的指示，日复一日地祈祷度日。

玺宇的祈祷方法是所有人一起反复念诵"天玺照妙、天玺显现"。念着念着，大家的声音开始高涨，力量也从体内涌出。

六月二十九日，横滨也遭遇了大空袭，瞬间被夷为平地。鹈之木与横滨近在咫尺，那天吃早餐时，B-29 战机队的机翼泛着银光闪过，转眼之间，似乎是横滨市中心的方位就升起了浓烟。B-29 战机队反复进行波状攻击，轰炸结束向上飞离时，整个横滨已然被包裹在熊熊烈火之中。

横滨大空袭的次日，"蒲田夫人"在横滨的信徒也纷纷加入了我们的队伍。信徒人数增加后，"蒲田夫人"正式宣称自己是玺宇的教主，叫作"玺光"。"玺光"的信徒越来越多，于是她将自己的宗教地位进一步提升，宣称自己就是神，名为"玺光尊"。

第五章

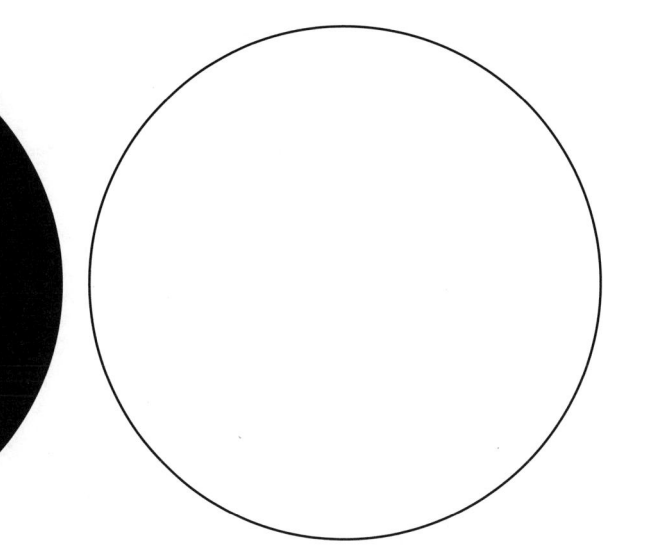

流浪的岁月

流浪之始

横滨的信徒也加入我们之后,总人数达到了十余人。除了我们这些与玺光尊共同起居的人,还有每天往返来参加信仰活动的人。当时的"玺宇馆舍"每天都有三四十位信徒往来。大多数信徒都是住在横滨郊外的农户,来玺宇馆舍参拜时会虔诚地奉上贡品,所以我们并不愁食粮。

不过,鹈之木的信徒家中也不宜久留,必须尽快找到新地方。我们于是去了我妻子的旧识、世田谷区尾山台的日置家。然而日置并非玺宇的信徒,对他来说,让玺光尊住进自己家中是非常麻烦的事。虽然他看似碍于我妻子的情面而答应租房给我们,但实际上,玺光尊和众人一直坐在门口,如果日置不放他们进来,他们就赖着不走。

成功入住后,玺光尊名副其实地做出了"喧宾夺主"的事。日置家原本就不大,只有三四个房间,玺光尊占据里屋后,日置便无处可住,只好去附近相识的人家借宿,如同被赶走一般。

而正好在这段时期,玺光尊命令我和另两位干部级的信徒前往"满洲国",和中国的红卍字会展开交流。干部中的一人是胜木,他从"蒲田时代"开始就是玺光尊的心腹,曾被称作"玺光尊之弟"。

我们首先要确保能登上去"满洲"的飞机。于是我独自去了位于市谷的陆军参谋总部，向接待我的军官说明情况，恳请让我们三人乘坐前往"满洲"的军用机。军官听后，进去和上级商量，过了一会儿他出来转达上级指示说："可以让你们搭乘。"我便和他商量好出发的时日和飞机的班次。时隔良久，终于又可以回归心灵的故乡——中国红卍字总部了，我满怀欣喜地回到了尾山台的"玺宇馆舍"。

谁知我们没能去成"满洲国"。日置实在无法忍受房子被占，便和朋友商量，去玉川警察署揭发说玺光尊每天都接收天照大神的神示。而当时民间被禁止与天照大神通灵。结果在我们出发前，玺光尊和胜木被玉川警察署拘捕，"满洲国"之行只好取消。

之后听说，我们原本要乘坐的那架军用机虽然按时起飞，却没能到达"满洲国"。飞机在途中坠入了日本海，机上全员葬身海底。我在儿时曾被母亲带去看相，说是："这孩子进入三十岁后会在水中殒命。"因为没上飞机，水难可能是被消除了，真是感谢神明。

玺光尊和胜木在被拘留了近十天后获释，但我们也只得离开日置家，再次开始寻找住处。

下一个作为安身之处的目标是世田谷区松原町的金木家。金木女士相当于是金木子爵的女儿，虽然年事已高，但是感应力丰富。几年前她曾是玺宇的信徒，还提供了二十万日元资助峰村的实业。

玺光尊下令让我去和金木交涉。当时金木去了山中湖的别墅避难，将房子借给了德川先生。从尾台山到松原町，途中需要在自由之丘换车，顺利的话也要花近两小时。我在夕阳西下时从尾台山出发，到达松原町时已近晚上八点。我当即请求德川先生让我们暂时借住在金木家的宅邸，德川答应了。我于是即刻赶回尾台山，同玺光尊再次来到松原町。我们一同到达金木家时已经是夜里十二点。德川、我、玺光尊三人就在蚊帐里过了一晚，信徒们在第二天也陆续赶来。

此后的几年，我与玺光尊一行颠沛流离、居无定所。几乎每次都是我被派去寻找新住处。刚开始我的个人信用还有效，但玺光尊每次都闹出事情，我的信用也随之下降，后来找住处一事成了我最大的负担。

我们总算在金木的房子里安顿下来，但这毕竟也不是长久之计。之后金木介绍我们去同样位于松原町的重松家，我们在那里迎来了战争的结束。

玺光尊原本是佛教徒，后来改信神道，所以她的教义里杂有佛教的末法思想，以及江户时代以日本为中心的复古思想。因此，她非常讨厌红卍字的包容性，也和红卍字提倡的"道慈"精神难以相容。而我从心底信仰红卍字的精神，所以在心灵上和她无法完全一致。心灵完全一致，指的是和玺光尊有相类似的"神灵附体"。具体来说，就是在持续祈祷到达"接灵"状态时，要能让附身玺光尊的"神灵"附到自己身上。我和玺光尊刚开始都做了很多努力，想让相同的神灵附到我身上，但都没有用。

由于我的思想和其他信众无法完全一致，所以玺光尊并不看重我。我并不像一般所认为的那样是玺光尊的心腹，只能说我拼命努力却依然遭到了冷遇。玺光尊原本是想把我永远"逐出门外"的，但考虑到我还有利用价值，姑且让我置身教内。

而我的妻子大概是因为年轻单纯，所以能和玺光尊有一致的神灵附体。她因此受到重用，一直贴身为玺光尊做事。

战争结束后仍然借住在重松家时，玺光尊下令让我把在山中湖别墅避难的金木带来。玺光尊以前就很想让金木加入信徒的队伍。

对我而言，玺光尊的命令就是神的命令。我于是拿着往返的交通费，背上旅行包，独自登上了电车。战争结束后的电车里挤满了人，而且一旦停车就不知何时才能开动。我在这样的电车里一路颠簸，到达御殿场时已是黄昏时分。我以前从未去过山中湖旭之丘，也不知道金木家别墅的门牌号。只好打听了从御殿场到旭之丘的路线，在夜晚将至的时分，无精打采地赶路。走入山道的时候，周围渐渐暗了下来，终于变得一片漆黑，连脚下的路也看不清了。在漆黑的夜里走山路分外艰难，我开始害怕起来。正当我不知如何是好的时候，突然有一辆卡车经过。我拼命地呼喊，卡车于是在我跟前停下。我问司机去哪里，他说去旭之丘。司机大概看到我连手电也没有还在赶山路，觉得我很可怜，爽快地让我上车了。

就这样，我费尽周折才抵达旭之丘。但旭之丘非常大，我下车后环顾四周，完全不知道金木的别墅在哪里。而当时也已经过了晚上九点，大部分人家都关灯睡觉了。

我一间一间地走访还亮着灯的人家，走了好多间终于找到了金木女士的别墅。金木本来应该睡下了，那天正好有事出门，回来晚了，所以还没有睡。

能到达金木家真是万分幸运，但金木女士却不愿跟我回玺光尊身边。金木说："玺光尊的确是灵验感应很丰富的人，但她最近被恶灵附身了，自大的天狗之灵附在了她身上。"金木女士因此不再信仰玺宇。

金木是个意志坚决的人，无论我怎么劝，她都不愿改变想法。我只好放弃劝说，回到了房间。

我独自一人待在房间里，心想自己没能完成"神的使命"，不如跳进山中湖一死了之。也许"一心向神"的信念和战后看不到未来的无力感，促使自己冒出了这种危险的念头。不可思议的是，我对死亡也并无丝毫恐惧。我打算像算命先生预言的那样，跳到水里一了百了，当时已然觉得时候到了。

我正想着要不要写遗书，金木女士却好像凭借心灵感应读到了我的心理状态，忽然来到我的房间，告诉我说，她会在十月十五日去玺宇馆舍，让我安心休息。我听闻此言总算卸下了负担，沉沉地睡着了。

但到了十月十五日，金木并没有来。

进入秋天，我们不能再待在重松家了，于是"迁宫"去了小金井的大井家。大井先生是世家出身，家中宅院占地三千坪①，相当宽敞。他的夫人秀子是理解玺宇的人。我们在屋外立起了"天玺照妙"的旗帜，住进了大井家。玺光尊照例喧宾夺主，占领了主屋里带床之间②的大房间，把大井夫妇赶去茶室居住。

---

① 一坪约等于三点三平方米。三千坪约合一万平方米。
② 床之间，日本和室房间里的一种装饰性空间，在凹入墙内的这部分空间里，通常会悬挂挂轴，并摆放插花或艺术品。

玺光尊有个习惯，她在占领房子后，除非这家主人变成信徒，把房子双手奉上，否则她就誓不罢休。因此到最后往往会引发纷争，每次都会被赶走。在大井家也是如此，第二年我们就只得被迫搬走。

离开大井家后，我们去了西荻洼关根町的小俣家。房子是占地近六百坪[1]的"总桧造"[2]建筑，非常气派，房间也有近二十间。主人小俣先生是大地主，住在别的房子里，我们这才算有了可以安顿的地方。

玺宇的生活

昭和二十一年（1946），在战败后的一片混乱中，日本战前的价值观被全盘否定。人们既对战争结束松了一口气，又对未来的生活深感不安，不知如何是好。因此在这个时期，所有人都在寻求精神上的依靠。而战败以后，宗教自由也获得了允许，新兴宗教如雨后春笋般涌出，以玺光尊为教主的玺宇也是其中之一。

但玺宇并不与世俗妥协，完全处于玺光尊一人的独裁体制下。战后的新兴宗教中有好几个在世俗间取得了成功，现在想来，如果玺光尊有心，其实有很多可以在世俗世界成功的机会。

---

[1] 约合两千平方米。
[2] 总桧造，全部使用日本扁柏建造的房屋。日本扁柏较昂贵，几乎只有高级住宅才会全部使用这种木料建造。

我们还住在关根町时,有一位家住青森县八户的名叫宫重的信徒,带着一百万日元的巨资来到了东京。他听说小俣先生愿意以八十万日元出让我们住的房子,于是想出资买下,献给玺宇做据点。宫重家是八户地区的世家,经营着世代相传的酒厂。宫重先生从前就一直是个虔诚的人,原本信仰佛教,后来玺宇的信徒向他介绍了玺光尊,他听了传教便成了信徒。

关根町的房子很大,非常适合做玺宇当时的据点。玺光尊的心腹胜木以及干部清水都很赞同这个想法,劝玺光尊答应让宫重买下。但玺光尊坚决不同意,她依然想让小俣成为信徒,然后主动献上宅邸。最后她甚至动手打了胜木,买房的事于是不了了之。

另外,在战后成立了甲州财团的若尾鸿太郎先生听说了我的事,几次来访玺宇。若尾先生发现新兴宗教能够得到诸多信徒的供奉,认为将其作为事业可以获得丰厚的利润。

他跟玺光尊商量,提议两人合作,由玺光尊做教主,他则负责教团的运营。他甚至口出豪言,说是要将日本一半的人口都变成信徒。然而,玺光尊要求信徒全面彻底地服从自己,要求若尾也信仰她、加入宗教生活,结果谈判就此破裂。

但是现在想来,玺光尊没有向世俗妥协,没有建立在世俗成功的宗教,或许是好事。如果她成功了,我自己的信仰可能也就不那么纯粹了。

玺宇内的生活戒律森严,与修道院并无二致,甚至有过之而无不及。

首先,一切私生活都被禁止。不能闲聊,不能听世俗的声音，当然也不能和信徒以外的人交往。所以我们夫妻二人虽然身处同一屋檐下，却根本没有夫妻间的对话。没有报纸，没有广播，与世隔绝，世间如何也全然不知。

私有物品也不能自由持有。玺光尊会以排查"毒物"为名，仔细检查每个人的物品。私有钱财自然也不被允许。有一次，她甚至说某个信徒的皮带有毒，命令他解开。那位信徒大惊失色，说皮带解开裤子就会掉下来，恳求她放过。

信徒们大多真诚善良，简直到了被世人称为愚蠢的程度。无论玺光尊发出什么命令，大家为了让她满意，都会全力以赴去完成。玺光尊说"毒物"找不到，信徒们甚至会跳进池塘去找。

我们这些信徒的生活，每天都是从"行"开始，到"行"结束。"行"，就是祈祷念诵的功课。大家除了齐声唱诵"天玺照妙、天玺显现"外，也会念诵《观音经》《般若心经》等。另外，为了扩大信众的人数，我们每天都会出去传教。早上五点起床，夜里将近一点才能歇息。

玺光尊认为，"劳动、心魂、教义"这三者，时刻都不能脱离救世的精神。罪恶的因缘她都会代我们背负，我们则必须抛弃杂念、不惜生命地劳作。信徒们在睡眠不足的情况下一心唱诵法号，已然进入了半神灵附身的状态。不过，在这样的状态下劳作，居然能做到连自己都不敢相信的事，比如缝东西时可以缝得异常迅速而精准。有此体验的信徒对玺光尊非常感激，信仰也就更深了。

玺光尊对外来参拜的客人非常热情，尽心款待，但对住在家中而往来于玺宇馆舍的信徒却极为严格。信徒们来玺宇时大多会带来贡品，这时必须将贡品高举过头来献给玺光尊。贡品都得是自家采摘的最上乘的农作物，并且要洗得很干净，否则她就会说里面有毒而拒收。贡品如果被说成有毒，这位信徒就必须在玺光尊面前忏悔。

玺光尊刚开始在峰村的玺宇里出现时，不过是被尊为"蒲田的功德夫人"，但之后逐渐变得不可一世。原本我只当她是某位神明的"化身"，不料她却说如今的天皇已经失去了神的本质，降格为普通人，而自己才是真正的日本天皇，是天照大神的化身。最后甚至演化成她是世界的天皇。对于自己变"伟大"一事，玺光尊自称是脱去假面、显示真身。而在他人眼里，她简直是被想当天皇而不得的恶灵附身。

而随着玺光尊愈发"伟大"，她对信徒们的要求也更严，跟不上她而脱离玺宇的信徒因此开始增多。玺光尊将信徒减少的原因归结为馆内大家的共同责任，责怪我们的信念和努力不够。

我的工作之一是在熟人里普及玺宇教旨，劝人入教。因此我曾将野田酱油（现在的"龟甲万"酱油）的前任社长茂木房五郎先生引见给玺光尊。茂木家世代信奉日莲宗，房五郎少年时身体孱弱，曾做了"四国八十八寺巡礼"来锻炼身体。战前，他和我都信奉西园寺公毅先生，一同出入泷野川的西园寺家，还与我和木谷实下过棋。

茂木房五郎来见玺光尊时，玺光尊热心地劝他入教，说是等自己成了天皇，就封他做总理大臣。茂木闻言目瞪口呆，此后再没来过第二回。

我奔波于各行各业，不停地为玺宇做宣传，但几乎都没能达到玺光尊的预期，回去以后就会被斥责说敬神之念还不够。而我始终无法赞同玺光尊唯我独尊的排他性，外出宣传时，也无法开口说"玺光尊是天皇，是唯一的神"。

而唯一能免于挨骂的，就是去野田的茂木房五郎家。我曾多次打扰，每次都恳请茂木给神明奉献贡品，于是总能拿到五瓶酱油、三瓶味淋等，背着这些东西在客满的电车中挤回去。那是物资匮乏的年代，玺光尊只有在此时才不会责骂我。但对方并不是听我传授了"玺光尊比任何人都伟大"的信念后，心怀感动而自发呈上贡品，因此玺光尊不会百分之百的满意。

玺光尊一旦对某个信徒不满，或发现某个信徒生病了不能做事，就会立刻将此人逐出玺宇馆舍。被赶走的人很可怜。当时粮食贫乏，也没有钱，孤身一人被赶出去，往往只能在街头游荡，为第二天的食物发愁。每当看到好人被赶走，我都会非常难过。

被逐出门外的信徒，如果能带人来入教，或者带着钱回来，总之只要做了有益于教团的事，基本都能再次回归。"逐出门外"其实是一种教团经营的手段，其他新兴宗教也是如此。

我自己也有好几次被逐出门外。但我的熟人很多，即使被赶走也不会特别困顿，甚至反而会感到轻松很多。我被赶走时，往往辗转于信徒家中求宿，常去一位叫前多的人家里。关于前多，后文会详细讲述。前多住在金泽，也是玺宇的信徒，所以我可以安心住下。其他信徒因此常羡慕我："吴先生就算被赶走也有住处啊。"

麦克阿瑟事件

昭和二十一年（1946）五月，我妻子和另一位信徒遵照玺光尊的命令，拦下了麦克阿瑟将军的车，直接把玺光尊的信交给了他。

那时的玺光尊有一种使命感，她觉得必须让全世界的人都理解玺宇的教义，从而实现世界和平。因此，她首先要让占领军的首领理解玺宇。为了伺机和麦克阿瑟见面，玺光尊在调查了他的行动后，发现他在每天午餐时，都会从盟军最高司令官总司令部回到美国大使馆。

玺光尊于是命令我的妻子和另一位信徒在麦克阿瑟回到大使馆的途中，伺机递交玺光尊的亲笔书信。两人于是躲在美国大使馆的门口，当麦克阿瑟中午回到大使馆时，就冲上去挡在车前。妻子向下车的麦克阿瑟司令官喊道："Please！"然后把书信递上去说："Present！"当时麦克阿瑟将军的威名仿佛张辽一般，听闻其名连小孩都会停止哭闹。但他这时候也只得苦笑着收下了信。信上写着"来吧！来玺宇的皇宫，接受玺宇之光……"之类的内容。

这次事件被称为"麦克阿瑟事件"。当时日本的报纸对此一律缄口，而美国的报纸纷纷在社会新闻版连篇累牍地报道了这一事件。

妻子和另一位信徒被警察拘留了一天，第二天获释。只被关了一天，是因为盟军最高司令官总司令部指示说不是大事，可尽早释放。应该说这算是走运。而日本警察方面则再三批评说："就是因为有你们这些疯子，才给我们添了那么多麻烦！"但这两人都是发自内心地信仰玺光尊，所以只把批评当成耳边风。

事件之后，只要我们举着"天玺照妙"的大旗出去，周围就一直有便衣警察跟随。

尽管警察严密监视，但几天之后，玺光尊仍命令我们再次前往司令部。这次由我和清水等四人同去，还带着信众进贡的年糕。司令部前建有丸之内警察署，我们趁那里的警员不注意，从正门直接走进了司令部。

进入司令部后，我们请求接待处的日本人让我们和麦克阿瑟司令见面，对方完全不予理睬，双方渐渐争执起来。这时一位美国人从里面走出来，把我们带去五楼的一个房间。里面只有两把椅子，我和清水便坐下了。房里的美国人见状便沉下脸说了些什么。我们听不懂，面面相觑，好不容易才明白，他的意思是男士应该把座位让给女士。这是我第一次接触到美国人尊重女士的习惯，觉得很新鲜。

我们送上带来的年糕，说明来司令部的意图，虽然不知对方听明白没有，但也只好就这样回去了。

回去的时候，警察已经发现我们混进来了，于是安排警员守在正面的玄关外，打算逮捕我们。那位美国人看到后，把我们带去后门，悄悄地放我们走了。

在同一时期，我也曾听从玺光尊的命令，前往中国代表团①办事处。我对接待我的书记官说："日本和中国同种同文，所以两国不应该拘泥于战争结果，而是要和平友好地共处。"结果对方叱责道："现在日本战败，连天皇都低头了，你还装着了不起的样子说这些话干什么？！"最后甚至说："吴清源本来是中国人，不知什么时候竟变成日本人了！"

与桥本八段的十番棋

昭和二十一年（1946）七月，若尾鸿太郎陪同读卖新闻社的文化部长原先生，来到了杉并区关根町的玺宇馆舍。此行的目的是想让我回归棋界，并与桥本八段进行擂争十番棋对局。桥本当时正和岩本八段争夺本因坊之位。

自从和玺光尊一起行动后，我就未曾想过还能重回棋界、继续活跃。当时我满心都是信仰，丝毫没有考虑围棋，而玺宇中自然也不可能有棋盘棋子，所以我在这两年中完全没有下过棋。

若尾和原先生提到了擂争十番棋，但我并没有特别想参与，只知遵从玺光尊的命令。当时日本战败不久，谁也不知道明天会如何。所有人为了今天一天的粮食，拼命挤在不挡风的电车里颠簸摇晃，为了购买食物而东奔西走。一听说警察要来搜查，人们就把从黑市上买到的东西扔出窗外，然后四散跳车，捡了东西就

---

① 抗战胜利后的国民政府驻日代表团。

跑。而挤满人的超载车厢连接着占领军专用的车厢，进驻日本的盟军士兵悠闲地坐在里面。在这种不知明天、没有未来的混乱时局之下，我无从相信自己还能作为棋士再度在棋界活跃，当时的环境也不可能让我有如此想法。

若尾他们也有所准备，从一开始他们就去和玺光尊商量，而不是和我。玺光尊完全同意。她虽然不懂围棋，但据若尾说，她觉得我如果能赢棋，就会给玺宇带来很好的宣传效果。

我于是遵从玺光尊的命令，战后首度执棋。

关于对局时间，我认为当时是非常时期，所以提议采用一日终局制。桥本也爽快地同意了，两人商议定为每人六小时。但读卖新闻社认为每人六小时实在惊人，最后定为每人七小时的一日终局制。对局酬金为每人每局一万日元。我的酬金自然全部归玺宇所有。

昭和二十一年（1946）八月二十六日，第一局在位于世田谷区深泽的若尾鸿太郎先生的宅邸举行。

从第一局比赛的前一天开始，玺光尊带领所有信徒为我的胜利祈祷，如同对待自己的事情那样全力以赴。我面对棋盘，背负着玺光尊的期待，但两年的空白期毕竟太大。我虽然是执黑先行，却任凭白棋攻击而毫无招架之力，最终一败涂地。

第一局就输了，而且毫无精彩之处，围棋界人士因此纷纷感叹当年的吴清源已不在，担心这次十番棋会变成桥本全胜的局面。而我自己却没有丝毫担心或不安。我只是遵从了玺光尊的命令来下棋，与其说我失败了，不如说是玺光尊失败了。

第二局在第一局结束的三天后举行。

玺光尊一行遵照指示，比第一局更加尽力地为我祈祷。到了对局前一天，玺光尊为了将得胜的法力转入我的体内，便让我跟她在同一个房间里就寝。我睡在"神"的旁边，心想自己千万不能"冒犯神明"，结果连翻身都不敢，失眠了一整晚。

我揉着蒙眬的睡眼前往对局场所，但倒的确比第一局时有更强的必胜信念。然而对局开始后，我出手比第一局更糟，连该落子的地方都没有落。到了中盘，我已大半崩溃，白棋四处散落，败局一目了然。但我依然想着"不能输"，专心下棋。玺宇的信众也在比赛当天持续地为我祈祷。

中盘以后，原本占据绝对优势的桥本却一点点地开始失常了。我的白棋本来散落在各处，这时居然起死回生，棋局也开始变得细微，最后几乎成了胜负不明的局面。争夺大官子时，桥本缓着连连，我终于扭转乾坤，胜了一目。

濑越老师担任这局棋的解说，他在对局后叹气说："桥本真是太奇怪了，连这种棋都会输，真是要赶出师门。"桥本则回忆道："到中盘为止，获胜都是定局。但中盘以后，不知为何，心情变得飘忽不定，无法集中注意力。这只可能是我的精神状态出了问题。"黑棋突发的失常实在不可思议，坊间于是开始流传各种荒诞不经的传言：有的说轮到桥本下棋时他就会听到太鼓的声音，干扰了他的思考；也有说从天花板上悬下来一只蜘蛛，在桥本的眼前晃。说得跟真的一样。

不过，在胜负这件事里，往往有人类的理性所无法理解的部分。因此没人能断言说，桥本的落子没有被我"不能输"的执念和玺宇信众的祈祷所扰乱。

接下来的第三局在位于野田的茂木房五郎宅邸里举行，时值九月。

我执黑棋，这次终于恢复了原来的水准，顺利地获胜。但从第三局开始，玺光尊忽然对十番棋失去了兴趣，也许是因为比赛并没有达到预期的宣传效果。她不再为我祈祷获胜，也不再顾及十番棋的对局日程。在玺宇严苛的生活和接连不断的事件中，我居然能坚持下完这次的十番棋，实在连自己都佩服自己。

这时我身处玺宇中，每逢对局就从玺宇馆舍出门，对局中也严守着不可与俗人交往的教规。午休时马上回到自己的房间，不与任何人闲聊，对局结束后也不参与讨论，而是立刻起身返回玺宇馆舍。所以我虽然出来下棋，却依然对棋界动向和世间形势一无所知。

棋界人士对于我变成了玺宇的信徒、对玺光尊尽心尽力一事深感担忧，希望我能尽早脱离。但由于我避免与大家交流，所以他们觉得说了也是白说，没有人从正面来劝我。据说安永曾说："要想让吴清源脱离玺光尊，就必须让他输得彻底。"安永可能认为，我输棋后人气会下滑，玺光尊就会觉得我没有利用价值了，如此我自然能脱离玺宇。

第四局在九月，对局场所是京都的南禅寺。

我执白棋，在对角线上落了两个三三。距上一次这样落子，已然时隔很久了。这局棋到后来双方竞进中腹，白棋占据了主动，最后我得六目胜。

第五局依然是在京都。桥本身体欠佳，毫无精彩表现，在第131手白棋便投子认输。对局结束在落日之前，桥本用时三小时二十分,我则是一小时二十五分。这是我所有的擂争十番棋中最快终局的一次。到第五局为止,我的战绩是四胜一败。

第五局结束后,为了等桥本恢复健康,比赛一度暂停。但由于玺光尊的关系,第六局迟迟无法定下对局日程,时隔半年后才举行。

丧失国籍

如前所述,我在玺宇时不读报也不听广播,完全与世隔绝。对于报纸如何报道我与桥本的十番棋,当然也一概不知。最近翻阅了一下,才发现在第一局前有如下的报道:

"……这是吴清源变回中国人后的第一场比赛,以此为契机,他将回到中国、召集中国棋士,率领他们来日本参加友好棋赛。此次比赛是他这份大业的第一步。在这一战里,如果桥本输了,那么'天下第一人'这一世界性头衔就会远渡重洋归属中国;而如果桥本赢了,吴清源就将失去献给中国的凯旋厚礼。因此,无论对于哪一方,这场比赛都必须要赢。"

另外还刊载了"我"说的话:

"……我还是要回到中国,但我会通过这种诞生于东方的精神竞技之道,尽力促进两国的和平友好。作为其中的一环,我将网罗中国声名显赫的棋士,如顾水如、刘昌华、魏海鸿等人,把他们带来日本,促进中日友好交流。我希望读卖新闻社能大力支持将来这一切的活动。"

我并不记得自己曾向报社说过这样的话,也完全没想过要回到中国,带着中国的棋士来日本进行友好比赛。

离开玺宇以后,我才知道很多人批评我说:"日本那么照顾吴清源,一旦战败他却马上改回中国国籍,真是不知感恩的薄情之人!"读了报纸的报道,这样想也是理所当然。但对于我,这实在是无中生有之事。

昭和二十一年(1946)夏天将至时,中国代表团办事处的人加上华侨,总共四人来到我所在的玺宇馆舍,拜访了玺光尊并和她交谈。谈完后,其中一人让我跟他一起走,我就跟着去了。于是一起来到了杉并区区政府,他让我等在入口处的房间里,独自一人走了进去。我没有问为什么要来区政府,他也没有说,但我已经想到他可能是要来抹消我的日本国籍。直到昭和二十七年(1952)我的妻子恢复日本国籍时,我才通过律师详细打听了当时的情况。律师从区政府那里得知,当时中国占领军的人走了进去,让他们交出我和妻子的户籍本,也不问我们有没有日本国籍,就不分青红皂白地全部抹消了。

那么我和妻子丧失日本国籍后是否改回了中国国籍?却也并非如此。妻子持续着无国籍的状态,而我在和桥本进行第一局十番棋前,被交付了在日中国人的临时护照。但得知我输了第一局之后,他们说:"你沉迷于奇怪的宗教,重要的围棋比赛却一败涂地,你已经没用了!"于是没收了我的护照。所以我和妻子双双变成了无国籍的状态。

当时中国的驻日占领军是由蒋介石统领的国民政府军。中国经历了第二次国共合作后,于昭和二十二年(1947)进入了国共内战。驻日的占领军也因为国内动荡的局势而意见分歧,在关于我的问题上或许也没能形成一致的方针。

不过,其中一部分人强力主张将我恢复中国国籍,然后作为"对日协助者"强制遣返中国,进行思想教育后,让我为中国围棋的发展出力。

昭和十七年(1942),以濑越老师为团长的日华友好围棋交流团出访中国,当时我也是其中的一员。同行的桥本后来告诉我,我们下榻的旅馆旁贴着"吴清源是文化汉奸"的海报,上面还画着我的头像、写着悬赏金。我对世事一向反应迟钝,对此完全没有察觉,但听说每当我走出旅馆时,周围都会有日本警卫悄悄随行。

我的无国籍状态一直持续了将近四年。昭和二十四年(1949),"中华民国"退守台湾,与日本恢复交往。于是我马上去位于横滨的"中国领事馆"办理手续,取得了"中华民国"(台湾)的国籍,也总算拿到了在日中国人的"护照"。妻子在那时依然为无国籍状态,昭和二十七年(1952)年受邀出访台湾时,我们向律师说明了情况,她才恢复日本国籍。

大哥吴浣曾在"满洲国"出任外交官。日本战败时,他带着母亲和妹妹,比国民政府更早一步逃去了台湾。国民政府在日本战败后,对日本人比较宽容,但对曾在国内协助日本的中国人惩处甚严。

而天津的二哥吴炎很早就加入了中国共产党。中日战争时,他担任将领和日本作战。日本战败后的国共合作时期,他在河北省的要塞邯郸担任司令官秘书。国共合作破裂后,蒋总统颁布了揭发共产党员的命令,但二哥所在师团的干部们商议后决定不执行命令,避免了同事间的斗争,二哥也因此未被揭发。可是他后来依然被人暗中告密而遭到逮捕,被戴上脚镣关在洞穴里长达半年。在这半年里,他随时都可能被杀害,好在最后被中国共产党的军队解救了。但直到现在,只要天气转寒,二哥戴过脚镣的脚都会发痛。

金泽事件

昭和二十一年(1946),著名的相扑横纲[①]双叶山带着家人,来到位于关根町的玺宇馆舍参拜玺光尊。

双叶山本来就是灵验感应很强的人,在正式比赛的早上,往往会进入神灵附体的状态。在战后混乱的时代里,他寻求着精神上的依托,从而被标榜复古日本精神的玺宇所吸引,前来参拜。

玺光尊极其热情地迎接了双叶山。二人一同开始祈祷后,"神灵"很快降临到双叶山身上,他变成了"神灵附身"的状态。玺光尊非常高兴,和他约定说,如果他成为信徒,一定会厚待他。

---

① 横纲,日本相扑力士的最高级称号。

于是双叶山便成了玺宇的信徒，经常来参拜。玺光尊也很欢迎他，她的起居室"御光间"原本只有贴身的三四人可以进出，但也允许双叶山自由出入。我的妻子是玺光尊的心腹，一直伴随在左右为她做事，而我除了两三次特殊情况外，几乎没有进过"御光间"。

那时，虽然宫重出于好意，想要收购关根町的玺宇馆舍并呈送给玺光尊，但玺光尊拒绝使用购买的形式，所以玺宇又面临着被赶走的局面。然而，我们在东京周围已经找不到容身之处了。

于是我和干部清水先生一起前往金泽，与前多平作商议，请他接纳玺光尊一行。玺光尊的心腹胜木出生在北陆地区，所以北陆有很多玺宇的信徒。前多家是经营生丝的世家，他早先就是本愿寺的宗徒，即使信仰玺宇以后也追求成佛的道路，把各种各样的苦难都当作对自己的试炼，悉数承受忍耐。

前多爽快地接受了请求，把自己的房子提供给我们。

昭和二十一年（1946）年末，我们一行出发前往金泽。当时的列车都是客满，乘客甚至会被挤到车门边，像一串铃铛挂在那里。而我们这样手举旗帜、衣着奇怪的一队人，想要乘上列车几乎不可能。这时候，双叶山的脸面就发挥作用了。他不仅给我们每个人都准备了车票，而且和站长沟通妥当。我们因此得以优先上车。

我们一行来到了金泽松之枝町的前多宅邸。玺光尊马上占领了带有会客间的大房间，把前多夫妇赶去三叠大小的女佣房间。但前多夫妇毫无怨言，沉默地遵照指示。玺光尊在房间里安顿好后，马上拍了电报，让双叶山来金泽。几天后，双叶山独自一人来到了金泽。

四年的玺宇生活中，我们在金泽的生活最为严苛。

那时正值福井大地震后。玺光尊说，在天地异变的大事件前是没有空闲睡觉的，所以不让我们有充足的睡眠时间。早晨五点前就得起床，晚上睡觉时已过午夜一点。睡眠时间不到四小时，一旦睡下就会睡得死沉。每天有一半时间都在祈祷中度过，之后各司其职，我负责向前来参拜的人传教。

玺光尊说："现在是末法之世，日本不久就会天翻地覆，只有我才能救日本。"我们把玺光尊当作"末世的救世主"，在大雪纷飞的天气里将旗帜插在街头，向来往的行人说法传教。

这样的传教是在福井大地震之后进行的，前多因此不断地接到询问"下次地震什么时候来"的电话。最后连前多也感到厌烦，高声嚷道："我家又不是地震局的，我不知道！"

每天的"行"里，有一项在冷水里进行的"水垢离"修行，但这倒不很难受。因为每逢这时都是双叶山先入水，他身躯庞大，体温会将冷水温暖不少。

麦克阿瑟事件后，各家报社都开始关注玺宇的动向，在金泽时更因为有双叶山的加入，很多报社的记者在前多家附近租屋，随时观察我们的一举一动。来到金泽几天后，玺光尊说东京将有大地震，必须去救援，于是下达了准备救援的指令。我们在背包里装上物品，随时待发。报社记者们见状当作玺光尊又要半夜出逃，以为发生了什么事，便去采访近邻的人。然而东京大地震的消息并没有传来，几天后我们放下了背包。

在金泽的信徒生活严酷异常，甚至每天完全无暇考虑其他。据玺光尊说："考虑杂事就会有恶灵附身，没有空闲才好。"结果，我们甚至没时间捉头上的虱子，痒得不行。

话说在金泽的时候，双叶山热衷于信仰，玺光尊也非常信任他，双叶山于是每天都积极修"行"。而他当时在九州有个双叶山道场，收了八十多名弟子。师父离开后，弟子们就遭殃了。双叶山的亲友多次来劝他回去，但他充耳不闻。弟子们走投无路，甚至有人提议说："都怪玺光尊！我们全部去金泽，就算把玺宇的房子砸烂了也要把师父带回来！"

然而双叶山当时说什么都不愿回去。他身边的人无计可施，只好请双叶山的朋友、朝日新闻社的记者藤井帮忙。

藤井认为，事已至此，要想挽回双叶山，除非借警察之手，便去和警察商量。警察发现玺宇的信徒会用自己田里收割的米来进贡，于是决定以违反大米管制令为由搜查玺宇。（另有传言说当时搜查玺宇的理由是"鼓吹天地异变、迷惑世人"。但我记得是违反了大米管制令，也可能两者皆有。无论如何，真正的目的都是为了让双叶山离开玺光尊。）

昭和二十二年（1947）一月末。夜半时分，金泽和玉川警察署的警员们冲进了我们的居所。负责指挥的镝木警长曾在业余相扑中接受过双叶山的指导，是忠实的双叶山迷，这份差事对他来说十分为难。玺宇馆舍内，玺光尊和其他干部都躲在二楼，双叶山则站在楼梯口，手执鼓槌奋力抵抗。

警员人多势众，但看到如金刚般威严耸立的双叶山，也不免心生恐惧，怎么都不敢上前。我和其他的信徒们站在楼梯下看着事情的进展，警员对我们则完全不屑一顾。

楼梯上下长时间两相对峙。在此期间，一部分警员转移到房子的后面，从后窗爬上来，突袭了二楼，而与此同时，楼下的警员也冲上了楼梯。一时间传来乒乒乓乓的声响和混乱的叫喊声，但不久便归于平静。

警察冲进玺宇馆舍大约一小时后，我们全部被扣押，关进了消防车。夜里十二点时，我们被带去了金泽警察署。

我和大多数信徒在接受了简单的调查后，第二天就被释放了。玺光尊和胜木他们也在两三天后就回来了。而双叶山却被带去了和仓温泉，再也没有回来。双叶山在金泽和我们共同度过的日子一共是三十五天。几年后，或许是出于对当时的怀念，他在巡回赛的途中重访了前多家。

金泽事件之后，我们不得不再度寻找住处。玺光尊说，玺宇的皇宫由于俗人入侵已被玷污，必须迁宫。

我们于是开始寻找新住处。这时有个几天前就出入玺宇馆舍的男人说："用我家作玺宇馆舍怎么样？"但那并不是进贡房屋，而是和前多的宅邸交换，此外还需再加三十万日元。

他的房子位于长町，毗邻松之枝町，是座豪华的欧风建筑。大家看到后都觉得非常适合做玺宇的宫殿。于是前多拿出了三十万日元，把自己家清空，和我们一起搬到了长町。

所有人都为能够定居而高兴。然而这份喜悦却在转瞬间化为泡影。事实上，那个男人只是装成信徒的模样来接近我们，我们完全被骗了。他的房子不久之后就会被进驻的军队接管，他隐瞒了这个事实把房子卖给了我们。前多被骗走了房产和巨额钱财，却依然认为这是上天给自己的试炼，全无怨言。

定居的希望落空了。我们不得不接受五个月后就会被从长町赶走的命运。

被骗走房子的前多搬去了自己的纺织工厂。而我们从长町被赶走后只能又回到东京。

昭和二十二年（1947）七月上旬，我们一行人在暑热的天气里挤上了客满的列车，好不容易回到了东京，然后暂时借宿在横滨的一位农民信徒那里。我拖着疲惫的身体到达信徒家中，来不及休息，又被玺光尊命令马上去找房子。一周之内，必须找到新住所。

几经思考，我打算去找萱野商量试试，于是出发去镰仓腰越。抵达的时候已是晚上了，虽然还没到睡觉的时间，但萱野家关着灯，一片漆黑，不管怎么用力敲门都无人来应。我实在没办法，只好踩着门旁防火水箱的边缘，抓住院子里伸出来的松树枝，然后拽着树枝翻过了墙。接着我从房子的大门边绕到后面，发现有一扇小窗露出一寸左右的缝隙，于是将小窗打开，钻了进去。进到房间后我打开了灯，再次大声喊："请问有人在吗？"睡在隔壁房间的萱野夫人终于来了。

在我漫长的人生中，像这样模仿小偷的行为，这是第一次，也是最后一次。

原来，萱野夫人独自在家，于是提前就寝。但就在这时，她听到了有人敲门的声音。当时局势混乱，夫人觉得随便出来应答很危险，所以没有动，结果后来又听到了有人翻进家里的声音。夫人屏息观察动静，听到我的声音后终于放心了："不是小偷，是吴清源。"这才起身。

我马上请求她帮我们解决住所问题。萱野夫人面露难色，但或许看出了我的难处，便说现在山中湖的别墅空着，可以暂时让我们住一阵。

玺光尊一行的住处终于有了着落，我松了一口气。但这轻松也不过是一时的，后天在神户六甲山的播半旅馆将要举行我和桥本十番棋的第六局，这是时隔十个月后的对局。玺光尊完全不关心我的对局，从未将其放在考虑之内。而当时是战败后黑市盛行的时期，列车异常拥挤，如果去关西，要花上整整一天挤在酷暑下的超载列车里，我真不知道自己能否平安到达。

我于是在萱野家中开始发愁："怎么办呢，有没有可以明天到达神户的办法……"

就在这时，读卖新闻社的人有如从天而降，找到了身处萱野家的我。他们拿着二等车的车票来接我去关西。我无暇回玺光尊处，就这样离开了萱野家，跟着读卖新闻的人上了列车，出发去神户。

当时的《读卖新闻》做了如下的报道：

> 即使答应下棋，吴清源也是四处迁居、行踪不定。和关西的桥本商议对局日程时，吴清源从千叶县某町转到了北陆的金泽，不久重返横滨，当以为他身居横滨时，却又从片濑传来消息。这实在与他在棋盘上的变幻莫测如出一辙。正当人们担心吴清源能否按时赴约时，约定日期的黄昏时分，人员纷杂的大阪站里出现了一个身着白色立领制服、别着青天

白日徽章而神情端庄的人——那就是吴清源。

这则报道里的"青天白日徽章",其实应当是玺宇的徽章。总之,连读卖新闻社也被玺光尊耍得团团转,总也无法敲定对局日程,为此非常烦恼。

昭和二十二年(1947)七月,时隔十个月,十番棋的第六、七局终于得以在神户六甲山甲阳园的播半旅馆举行。

第六局我是白棋。蛤贝棋石的手感真是久违了。此前的每一天我几乎都晕头转向,但一旦坐到棋盘前,心中却不可思议地澄然宁静,既不泄气也无不安,自然地专注于胜负之争。而桥本也是气力饱满,双方于是展开了热战。我对黑棋的捕杀稍欠完整,结果黑棋赢了二目。桥本因此没有连输,暂时躲过了降级,我至此累计四胜二败。

第七局也在同样的场所进行。桥本执白棋在中央筑起厚势,但我尽力踏破了中腹,黑棋中盘胜。

第八局在第七局之后的两个月,于小石川的红叶旅馆举行。我执白棋,到中盘为止都苦战不已。最后的胜负手,我抱着已然输棋的轻松心态,用几颗奄奄一息的白棋横冲直撞,结果黑棋错误应着,我逆转而获中盘胜。如此我得六胜二败,终于将桥本降级。

桥本被降为先相先后,余下的对局也还是继续进行。第九局是和棋。

昭和二十三年(1948)一月,第十局在地处小田原的著名庭园"古稀庵"举行。我们坐在正宗书院造建筑的宽敞房间里对局。而在这新年伊始的对局之前,我为了宣传玺宇而前往北海道。日高山脉附近的厚贺町地处乡野,妻子的祖母就住在那里。

从北海道回东京时,我在苫古牧下来换车,结果刚巧遇到了藤泽库之助(朋斋)七段。藤泽当时为了募集日本棋院的建设基金而来到北海道,接下来要去王子制纸公司,便邀我一同前去。

距下一班列车还有很长时间,我于是答应同去。到了王子制纸公司,我们受邀和他们下指导棋,结束后我拿到了一些酬金。当时我正好囊中羞涩,这些酬金实在是雪中送炭。

我和藤泽是终归要在擂争十番棋上再度决一雌雄的对手。五年之后,两人赌上棋士生涯展开生死对决,但在那之前,却还有这一段因缘际会。

第十局,执黑的桥本在中盘获胜,我和桥本的擂争十番棋也就此落下帷幕。我在第八局将他降级,十战总成绩为六胜三败一和。

与桥本八段擂争十番棋成绩一览

第一局　1946 年 8 月 26 日　东京　若尾鸿太郎宅邸　　执黑败(五目)

第二局　1946 年 8 月 29 日　东京　河田町会馆　　　　执白胜(一目)

第三局　1946 年 9 月　千叶县野田　茂木房五郎宅邸　　执黑胜(中盘)

第四局　1946 年 9 月　京都　南禅寺天授庵　　　　　　执白胜(八目)

第五局　1946 年 9 月　京都冈崎永观堂　坂内义雄宅邸　执黑胜(中盘)

第六局　1947 年 7 月　神户甲阳园　播半旅馆　　　　　执白败(二目)

第七局　1947 年 7 月　神户甲阳园　播半旅馆　　　　　执黑胜(中盘)

第八局 1947 年 10 月 3 日 东京小石川 红叶旅馆   执白胜（中盘）
第九局 1947 年 12 月 千叶县野田 茂木房五郎宅邸 执白和棋
第十局 1948 年 1 月 静冈县小田原 古稀庵   执白败（中盘）

八户事件

和桥本八段的擂争十番棋结束后，接下来我被安排与新锐棋士坂田荣男进行三番棋。坂田七段当时即有"剃刀坂田""能攻能守的坂田"之名，棋风神机妙算、锐利无比，进攻与治孤兼长，技能完备而均衡。

当时日本棋院的重建并不甚如人意，前田、坂田、山部、梶原等年轻有为的棋士无法尽情下棋，只好另谋新路。他们退出日本棋院，成立了围棋新社。我和坂田七段下三番棋时，他已身处围棋新社，而我却全然不知"围棋新社"的存在，读卖新闻社也没有告诉我，很久以后我才知道。

比赛是坂田七段的先相先，我好不容易才获得三连胜。第一局和第三局，我的白棋在苦斗之下都仅仅险胜一目，切身体会到了新锐棋士追赶而来的破竹之势。

从昭和二十二年（1947）的夏天开始，我们同玺光尊一行住进了萱野家位于山中湖的别墅。萱野愿意以八万日元的价格将这间别墅出让给我们。我们都劝玺光尊买下，但玺光尊依然坚持让主人变成信徒、进贡房屋的原则，这次也没有答应。

此时的玺光尊变得愈发不可一世，已然宣称自己是世界的天皇。

到了年底，我们只得从山中湖搬走。这次我们拜托了宫重，搬去了八户。善良的宫重在自家附近买下一栋房屋，献给了玺光尊。

昭和二十三年（1948）一月，我们在八户开始生活。不久之后，我再度被"逐出门外"，于是离开了八户。

被逐出八户后，我先去金泽的前多家中休养身体，然后回到东京，轮番住在各位信徒家中。

我住在东京某位信徒家中时，某天突然从八户传来了消息，说是八户的玺宇馆舍出了大事。我们急忙赶往八户，得知了事情的大体经过。而我看到妻子平安无事，也算松了一口气。

"八户事件"大致如下。

玺光尊在八户安顿之后，便要求贡献房屋的宫重放弃经商，和信徒们一起过信仰的生活。玺光尊几次三番要求之下，宫重深感苦恼。他请求说："只要继续经商，赚到的钱玺宇要多少就给多少。但如果放弃酒厂的经营，家里就会破产。其他的事都好说，只是请不要让我放弃经商。"但玺光尊说，即使献上经商赚来的钱，也不会真的有利于信仰，想要成佛，就必须放弃经商，成为神的奴仆，此外别无他路。她丝毫不理会宫重的辩解。

在此期间，作为住家信徒每天来往玺宇的宫重也渐渐难以回家，开始在玺宇馆舍留宿。

宫重的家人和店员们因此非常苦恼，多次让玺光尊放回宫重，但玺光尊置之不理。店员们走投无路，只好诉诸暴力解决。

八户是渔民之乡，民风彪悍，解决争端时往往不找警察。为了夺回宫重，店员们雇了当地的凶悍暴烈之徒来袭击玺宇馆舍。

玺宇馆舍在二楼楼梯口装有盖板。玺光尊和几位亲信围着宫重躲在二楼，把盖子牢牢地关上。

我的妻子也在二楼守护玺光尊。她听到楼下传来暴动的声音，也听到了哀鸣，感觉楼下简直是修罗场。而在二楼的人们只是屏息敛气，谁也不动。妻子年轻而仗义，想独自冲下去，但被制止了。她听着楼下的惨状却只能沉默地坐着，真是如坐针毡。

这次事件后，宫重得以回到店里。但他在事件中心灵受创，酒厂的经营因此开始不顺，几年不到就破产了。

妻子庆幸我当时已被逐出八户，因为如果我也在，肯定不会被带上二楼，而我那么瘦弱，留在一楼一定会挨揍而受重伤。当时留在一楼的人几乎都被打伤了。

地方报纸大规模报道了这次事件。玺光尊一行因此无法再待在八户，只好又回到东京。

八户事件后，玺光尊对在一楼防守而受伤的干部清水和长崎说："此事就是由于你们背叛、泄密而造成的。"于是将两人置以"御白洲"问罪。

"御白洲"是江户时代的行政官进行调查问罪的法庭。玺宇以复古的日本精神为核心教义，经常以此名目问罪。玺宇内进行"御白洲"时，首先让受调查者坐在以玺光尊为中心的大批信众面前，然后大家合力祷告，把受调查者本人的灵魂"抽离体内"后，使另外一人被这灵魂"附身"，代替本人说出"真相"。又或者本人被自己的灵魂"附身"而说出"真相"。只不过，说出来的"真相"往往都是顺着玺光尊意图的内容。

"御白洲"问罪后，如果其中有背叛信仰的内容，那么信徒就会遭到"断人形"，灵魂将堕入亿万年之久的地狱，要重生后才能回来。这也就否定了信徒先前的所有信仰，等于宣告了精神上的死刑。对于信徒来说，这是极其痛苦的事。

清水和长崎受到"御白洲"问罪后，被处以"断人形"。这两人都是早期的信徒，自始至终热心而忠诚地守护着玺光尊，甚至为了保护她而受伤。最后却落得如此下场，实在有违情理。

妻子一向比我更热心、更纯真地信仰玺宇，却也在八户事件后对玺光尊心存疑问，在玺宇的信仰生活也渐渐开始动摇。

诀别玺光尊

和桥本八段的擂争十番棋结束后，读卖新闻社接着企划了我和新任本因坊岩本薰八段的擂争十番棋。

岩本八段通过预选成为桥本本因坊的挑战者后，到昭和二十年（1945）十一月为止，包括战争结束前在广岛的原爆之局[①]，两人一共进行了六次对局，结果是三胜三负打成平手。于是按照规

[①] 1945年8月6日在广岛市郊举行的第三期本因坊战第二局。对局者为桥本宇太郎和岩本薰，立会人为濑越宪作。棋局进行时，美军向广岛市内投下原子弹，棋局因此一度中断，旋即继续进行，桥本执白棋以五目优势胜出。

定,本因坊的头衔暂时归属日本棋院。第二年两人又进行了三次对局,岩本两连胜,由此就任第三期本因坊。

我和岩本在十番棋的对局时间上意见相左。我按照和桥本八段的前例,希望每局用时各七小时、一天下完。但岩本本因坊主张每局各十三小时的三日制。一时两相不肯妥协,但最后我还是让步,同意了岩本的主张。

对局酬金为每局每人二万日元。玺光尊要求读卖新闻社在对局开始前把我十局的酬金一次付清,新闻社同意了。玺光尊便派使者直接把十局的酬金全部拿走了,完全未经我手。当时的玺光尊大概也隐隐察觉觉到了我要脱离玺宇的想法。

玺光尊还提出了另一个对局条件,她说我们一行流离已久,希望新闻社为我们买一栋能够安居的房子。读卖新闻社也答应了这一要求。

于是我便和多贺谷信乃一起找房子。多贺谷是读卖新闻社第五代"覆面子"[①],此前写过我和桥本八段十番棋的现场报道,这时他刚刚辞去了记者一职,让位于山田虎吉。我和多贺谷因为这次找房子而成了好朋友,后来我请他做我的经纪人。

自从住过富士见疗养院后,我便对高原产生了好感,这次就在东京附近——主要是在箱根一带的高原寻找合适的房屋。最后决定购买若尾鸿太郎的亲戚浅野先生的别墅。

---

① 1926年(大正十五年),棋正社通过读卖新闻社与日本棋院展开对抗战,读卖新闻社将此作为"大正的大争棋"而进行大规模宣传。当时的观战记者在写观战记录时用了"覆面子"(匿名之意)一词作为名字,此后每一代读卖新闻棋战的观战记者都会继承这个名号。

这栋别墅在箱根仙石原"俵石阁"旅馆附近，虽然比较陈旧，但占地约四百坪①，读卖新闻社出资三十五万日元买下。不过，新闻社考虑到如果用我的名义去买，肯定会被玺光尊占有，于是以读卖新闻社的名义购买，命名为"读卖庄"。

昭和二十三年（1948）七月七日开始，我和岩本薰在东京小石川的红叶旅馆展开了第一场十番棋对局。

那时，玺宇在"八户事件"后无法继续在八户居住，返回了东京。我于是先向一位相熟的中国人借了位于目黑的房屋，让大家安顿下来。

结果在第一局开始的两天前，又发生了一件事。当时我经多贺谷的介绍，每周一次前往筑地的高级料理店的二楼参加棋会的指导练习。当天我也照例前去，结束后回到目黑的住处，却发现房子里空无一人。我急忙四处询问发生了什么事，于是得知玺光尊他们在我出门后被警察带走了。

详细询问后，我才知道事情的经过。玺宇每天都要祈祷，声音很大，相邻人家的主人被吵得忍无可忍，过来要求他们搬走，但玺光尊当然充耳不闻，于是那家主人报警了。

我马上赶去警察署，总算把玺光尊一行带了回来。但回来以后又不得不马上搬家。熬夜做好搬家的准备，我们在天微微发亮的拂晓时分便抬着行李出发，前往大仓山一户曾经信教的人家。好不容易抵达时已近夜里十一点。我无暇休息，马上前往小石川的红叶旅馆，因为第二天就将开始比赛。

---

① 约合一千三百多平方米。

作家坂口安吾写了这次比赛的观战记，其中描述了当时的状况。虽然笔端略带嘲讽，与事实有些出入，但还是摘录如下。

> 对局前夜，黄昏六点。原本说好两棋士与我三人集合，同住小石川红叶旅馆。翌日对局很早，上午九点开始。
>
> 我第一个到，六点过五分；本因坊，六点五十分。而吴清源，那是不得了。他帮着玺光菩萨一行来东京，安顿到自己的住处。要只是安顿那倒好了，菩萨却马上带着人开始念经，一念就是一整天。
>
> 同楼的大叔被念疯，结果报了警。可怜那菩萨和信徒们，就此被警察捉去拘留。吴清源大慌，赶忙跑去，接了回来，却已是对局两天前的夜里。
>
> 吴氏一行背着背包护着菩萨，趁警察们睡着打鼾，消失得无影无踪。日本的记者们倒也马虎大意，忘了追寻他们的行踪。
>
> 认真如吴清源，倘若不在约定时间出现，怕是被菩萨下谕不让出门。搜查队赶忙出动，搜东京、查横滨，却是枉然。接二连三的回复，都是找不到人。
>
> 夜已深。离十二点还有十分钟，红叶旅馆的玄关忽然传来了女招待们呼声。一看，吴清源独自一人，现身了。

第二天，我执白开始了第一局。因为连着两天熬夜，实在是困倦非常。坂口的观战记里这样描述：

> 两小时过去了。本因坊为了第25手，持续思考。吴清源，

闭着眼睛，呼噜噜，呼噜噜。闭着眼左右晃身体，本来是吴氏的癖好，但这回看来是真困了。猛地一摇，啪得睁眼，吴氏突然站起来走了出去。四五分钟后，他回来了，双目炯炯、面目一新。

岩本本因坊的棋风被称为"撒豆棋"，看着非常清淡。但这清淡只是他的人格，他的棋其实非常强韧，更喜欢打劫。而我也并不讨厌打劫，所以这次十番棋的每一局都有劫争。尤其是第一局中盘以后，劫争始终在持续，最后劫争问题悬而未决，这局变成了"白棋胜一目或二目"的怪异结局。

看棋谱可知，白棋第 98 手以后，官子争夺已然不复存在，黑 99 手若在 A 位提劫，棋局便会结束。但黑棋考虑到如果在 A 位落子就会损一目，所以努力不在那里落子，于是一边填单官一边继续劫争。到白 128 手，单官也无处可填，但黑棋依然没有在 A 位落子，而是提取了白棋△子。也就表示，黑棋劫材很多，不必在 A 位落子。

如果在 A 位落子，黑棋就会损一目，变成白棋的二目胜，不落的话，就是白棋的一目胜。无论如何白棋都会获胜，所以我将这个问题交由濑越老师解决，早早地回了房间。

当时的日本棋院尚未制定严格的围棋规则，但有个不成文的规定，即"当任何一方的劫材多于另一方时，最后的劫可以不落子而终局"，所以最后比赛结果改成了白棋的一目胜。

但因为这次的事，日本棋院开始着手制定围棋规则。昭和二十四年（1949）十月，初步的规则制定形成。

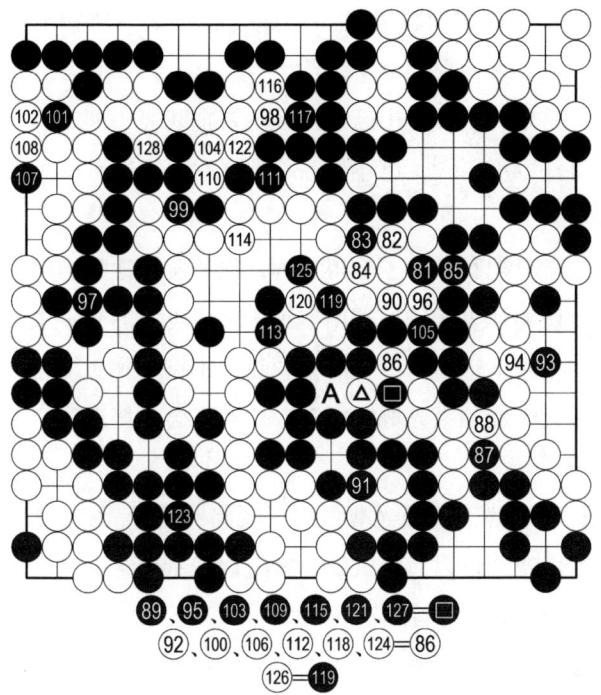

第二局于七月二十一日起在箱根举行。玺宇一行当时已经住进了读卖新闻社购置的箱根仙石原"读卖庄",继续进行宗教活动。我也总算不用再考虑搬家的问题,有比赛时就直接从仙石原出发。

第二局我执黑先行,稳扎稳打地中盘胜。

接下来的第三局,本因坊的黑棋充分发挥了实力,得三目胜。

第四局我的黑棋获胜,积累了三胜一败。

第五局于十月在山形县赤汤温泉举行。对局时红叶遍野。本因坊执黑,在中盘时几乎获胜,但却大意失误,结果我逆转而赢。

第六局我的黑棋再次获胜，如此五胜一败，把岩本本因坊降级。

第六局结束时，玺宇中已然弥漫着要把我妻子列为恶人的气氛。八户事件以后，妻子已不像往常那样对玺宇执着，玺光尊恐怕也有所察觉。

当时玺光尊把我和妻子分得更远，除了避免让我们两人见面以外，甚至谋划让妻子的后辈山本英子来接近我。玺宇进行宗教活动时大多是两人一组，玺光尊企图让山本英子和我结成一组来做事。山本英子遵照玺光尊的嘱咐，一有机会就接近我，但我完全不予理睬。

就在这种形势下，玺光尊做出了要将我妻子置以"御白洲"问罪的表示。我知道以后，沉默而坚定地表示拒绝。这是我第一次正面违抗玺光尊的意旨。

第七局时，我和妻子正处于这种微妙的处境。对局场所在东京世田谷的时雨亭边，本因坊的黑棋在中盘以后依然保持优势，但进入收官后乱了阵脚，结果弈成平手。

对局结束时已是夜里十点，我回到自己的房间，准备睡觉。这时多贺谷忽然来找我，说是我妻子的母亲等在玄关。已经这么晚了，肯定是出了什么事，我一边担心一边走出去，结果老人家亲手交给我一封我妻子的信，说是受妻子嘱托而来。我接过了信，但对局刚刚结束，实在疲惫不堪，当晚没有启封就睡下了。

第二天，我启程回箱根仙石原的玺宇馆。从船上下来换乘湘南电车时，正好有十多分钟的等车时间，于是我打开了妻子给我的信。

信的内容是妻子终于被玺宇"逐出门外"了,她暂时去北海道的祖母家小住,但已然不打算再回玺光尊身边。

读完信后,我心想,要来的终于来了,所以并无半点惊慌。而事已至此,我也没有任何再回玺宇的理由了,于是当场换了方向,前往横须贺的熟人家。

后来我从妻子处得知,八户事件后,她的心逐渐远离了玺光尊,和玺光尊的关系也开始不和,随时都可能被逐出门。妻子心底深处可能也希望被驱逐,所以被宣告"逐出门外"时,她迅速收拾好包袱就下山了。

妻子先是回到娘家,把给我的信托付给母亲,拿了些生活费便前往金泽,在前多家打搅数日,之后出发前往北海道。

我在横须贺的熟人家里迎来了昭和二十四年(1949)的元旦。不久之后,为了和岩本进行十番棋的第八局,我向广岛方向出发。

第八局于一月十九日在宫岛的梅林庄举行。序盘阶段经历苦战后,我的白棋从中盘开始发力,最后得胜三目。

第九局在第八局后一周于别府举行。我没有回东京,而是直接从广岛坐船渡过濑户内海,前往对局地。此局我执黑棋,在第二天即决出胜负,获得中盘胜。对战成绩至此为七胜一败一和。

第九局结束后,我回到东京,妻子也从北海道回来了。我们夫妻暂时搬去湘南杉田,借住在西幸太郎家的别屋里。

昭和二十四年(1949)二月十日,大雪纷飞中,我们搬进了西先生家的别屋。我的所有财产总共三千三百日元,此外一无他物。衣服、床具、生活用品都是向亲戚或金泽的前多等熟人借的。

但我的内心却无比轻松。虽然身无分文,目前也没有收入来源,却完全不急着考虑未来。

在西先生的别屋里安顿下来时,西先生过来告诉我们,国民政府在美国第七舰队的守护下逃往台湾。

搬到西先生这里后,不久就举行了十番棋的第十局。本因坊在此局执黑棋赢了三目,最后我的成绩是七胜二败一和。

如今回首与玺光尊共同度过的四年,我并不感到后悔,甚至觉得这是难得的体验。在此之前,我在围棋上一帆风顺,所以从来没人真的板起脸骂过我。玺光尊是第一个动真格地用"支那人"骂我的人,并且对我全无特殊照顾,真心地看不起我。虽然我直到最后也无法跟随那种复古的国粹精神,但在玺宇的这四年里,我与其他纯真的信徒同甘共苦,得到了作为一个"人"的宝贵的体验。通过这种生活,我得以更多地反省自己的骄傲自满,也更加深刻地了解了自己,这是不可多得的收获。

与岩本本因坊擂争十番棋成绩一览

第一局 1948 年 7 月 7—9 日 东京小石川 红叶旅馆 执白胜(一目)

第二局 1948 年 7 月 21—23 日 箱根 吉村 执黑胜(中盘)

第三局 1948 年 9 月 1—3 日 东京牛込 双叶庄 执白败(三目)

第四局 1948 年 9 月 28—30 日 东京世田谷 时雨亭 执黑胜(中盘)

第五局 1948 年 10 月 19—21 日 山形赤汤 金汤旅馆 执白胜(八目)

第六局 1948 年 11 月 16—18 日 奥汤河原 山翠楼 执黑胜(十二目)

第七局　1948 年 12 月 21—23 日　东京　时雨亭　　　执白和棋
第八局　1949 年 1 月 19—21 日　广岛县宫岛　梅林庄　执白胜（三目）
第九局　1949 年 1 月 26、27 日　别府　日名子旅馆　执黑胜（中盘）
第十局　1949 年 2 月 22—24 日　热海　起云阁　　　执白败（三目）

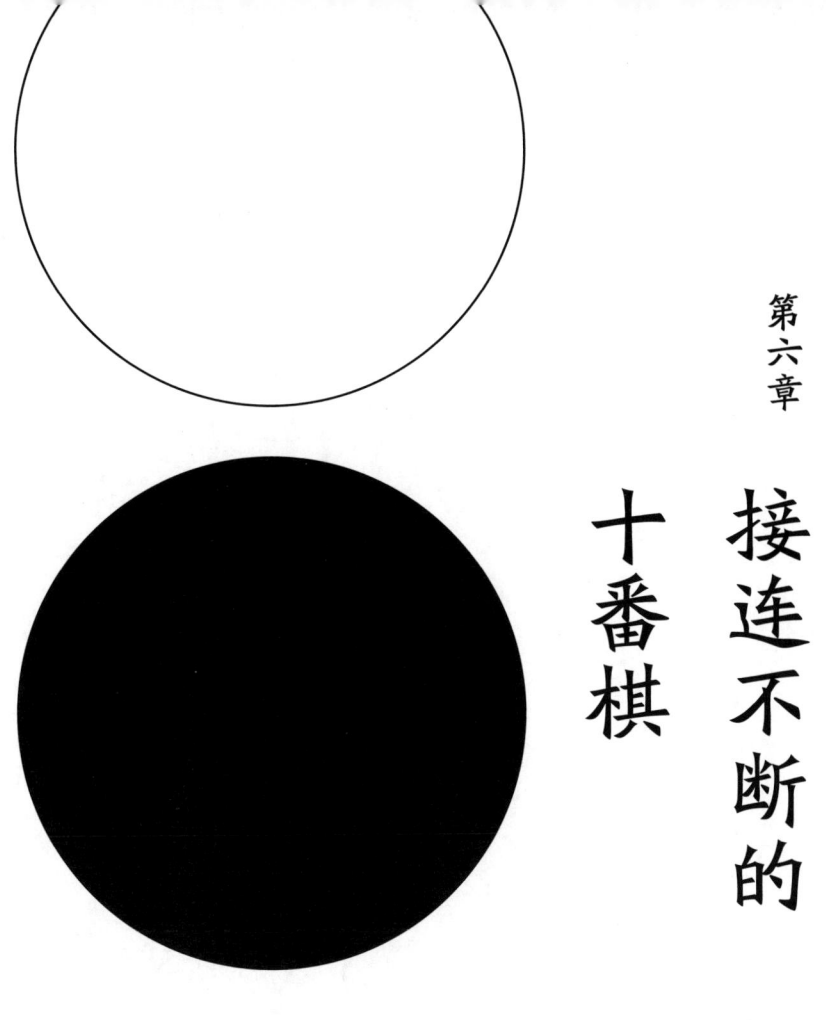

第六章

接连不断的
十番棋

借宿杉田

我们夫妻在西幸太郎家的一栋房子里安顿下来。西先生的这处住宅是从山下汽船社社长山下太郎那里买来的。在西氏一家居住的主屋附近,有好几栋像我们家这样的别屋。我们租借了其中一栋,画家和田三造当时借住在西氏家主屋的一个房间里。

除了厨房和洗手间,我们的房子里只有两个房间,一间六叠、一间四叠半。我和妻子以外,妻子的母亲和妹妹也与我们同住,所以很拥挤。战后住宅困难,我们又身无分文,能有这样的住处已经非常幸运了。我们的生活用品都是借来的,但在这时,我头一次给妻子买了一个梳妆台。我记得当时花了一千日元,占了我们所有财产的三分之一。现在这个梳妆台的镜子已经模糊,无法再用,但妻子或许觉得这是第一次买的家具,有纪念意义,所以一直没丢,保存至今。

那时虽然没有钱,精神上却是最悠闲的。西幸太郎是个实业家,他在筑丰经营煤矿,此外有八艘渔船,在霞之浦也有几座仓库,还有一间占地六千坪[①]的养鸡场。即便如此,却也不见他特

---
① 约合一万六千平方米。

别忙碌。每天晚饭后一过七点,他就会带着一名女子来到我们家。西先生一出现,麻将局就开始了。打麻将的大多是西先生和同来的女子加上我和多贺谷四人,我妻子也偶尔会参加。虽然是一文钱也不赌的家庭麻将,但不知为何西先生非常热衷于这种无聊的游戏,每天都会来。不过,西先生的夫人看到西先生热衷于麻将后,晚上就不出去胡玩,每天按时回家,因此很高兴。

西先生家也时常会举行小规模的棋会。西先生自己棋力不佳,我得让他九子,但那时有很多业余棋士出入他家。战前任大藏大臣①的青木一男先生在政界算是棋力很强的,他经常往来于西先生家。我让青木先生三子进行对局,他那时时间充足,一局棋往往会耗上五六个小时。在杉田居住的一年半时间里,我和青木先生大概对局了近十次。

"脱离日本棋院"的真相

来到日本后,我就作为隶属于日本棋院的一名棋士而在棋界活跃。但在战后,我却莫名成了脱离日本棋院的状态,只作为读卖新闻社新闻棋战的一块招牌,过着无处隶属的棋士生活。即使现在查阅日本棋院棋士的名单,里面也依然没有我的名字,不过

---

① 大藏省为现今日本财务省的前身,大藏大臣是大藏省的最高长官,等同于现在的财务大臣。

是在末尾用"名誉客座成员"的称号记录一下而已。

这件事并非出于我的本意，对于我本人来说，是非常难以接受的。因为我自己从未想要脱离日本棋院，也根本没有表示过这样的意思。更何况我一向不谙世事，在将近二十年的时间里，从未发觉自己在战后已然脱离日本棋院，属于"除籍"状态。

战后很长的一段时间里，由于身体原因，我在读卖新闻社的十番棋以外几乎没有参加过其他的比赛。比赛的交涉也全权委托多贺谷处理，我自己并未深入思考过与日本棋院的关系。昭和四十年（1965）秋天，读卖新闻社主办的名人战第四期结束之后，我才得知自己已被日本棋院除籍。当时的情况在后文会详细叙述，直到第二年，我才总算知道自己在何时脱离了日本棋院。

我虽一向疏于世事，但当得知自己居然已在一无所知的情况下被棋院除籍，也实在是大为震惊。我向棋院处理对外事务的理事询问自己为何会被除名，对方回答说，因为我在战后没有履行棋院棋士的比赛义务。我并不知道隶属于日本棋院的棋士需要履行怎样的义务，所以听到上述回答时，我当然不会轻易相信。何况即便如此，除籍至少应有书面通知，而我也并没有收到。因此，我觉得这件事非常蹊跷，便拜托木谷实帮忙调查我是何时、因何而被除名。

调查结果令人震惊。昭和二十二年（1947）八月，我的老师濑越先生向棋院递交了我的辞呈。日本棋院理事会昭和二十二年八月十二日的记录里，有"吴清源一事"，记录着"十四日，濑越师将携辞呈而来"。

我马上和木谷一起前往濑越老师家确认此事，但老师仅回答说："上面有很多压力，我不得不那么做。第二年连我自己都被迫辞去理事长职务。"此外再无多言。

昭和二十二年（1947），正是我对玺宇尽心效力，同时与桥本进行十番棋的时候。由于玺宇的教规，当时的我对世事几乎一无所知，而在战后的混乱年代，无论发生什么都不奇怪。何况像我这样的跨国身份会招惹诸多事端，例如国籍问题等一般人无法想象的各种问题都会接连出现，这只能说是我的宿命。

日本棋院在战火中烧毁，昭和二十二年时，棋院本部临时设在世田谷柿之木坂的岩本本因坊家中，一小部分棋士正在为棋院的重建而努力。到底是谁，出于什么目的，向濑越老师施压，逼迫老师写了我的辞呈？各种猜测都可能成立。或许这是当时的中国政府准备将我强制遣返的一道手续？又或者在战后日本的民族主义者看来，我不仅是外国人，并且沉迷于莫名其妙的宗教，作为棋士实在是异端，必须逐出棋界？

濑越老师已经去世，当年的理事中现在还在世的只剩岩本先生一人，此事的真相已然石沉大海。现在的棋士大多都不知道我的辞呈一事。而我自己，其实也已经不想知晓真相。

但作为事实，我可以清楚地声明：我是在对此一所无知的情况下，接连参加了战后的十番棋。如果我知道日本棋院已将自己除籍，那么在归属问题解决之前，我是一局都不会参加的。

晋升九段

　　昭和二十四年（1949）六月，藤泽库之助（朋斋）八段凭借升段赛的成绩升至九段。他因此成了当时唯一的九段。战前的九段只有秀哉名人一人，所以九段的地位几乎可以与名人匹敌。现在有六十余人拥有九段段位，含金量已然下降，但在当时，九段的地位相当了不起。藤泽家有幸免于战火，生活宽裕，他因此得以专心于棋艺，是为数不多的幸运儿。

　　藤泽已经升入九段，而我从战前就凭借擂争十番棋将高手们一一降级，我的段位便成了问题。既然藤泽成了九段，吴清源也不能总是屈居八段。

　　棋界想到的办法是集结十位新锐棋士来挑战我。这场比赛称为"吴清源对六、七段选拔十番棋"。也就是说，将通过这次十番棋来测试我是否能升入九段。比赛中六段为定先，七段为先相先。经过抽签，先相先的白棋定为高川、前田两位七段来进行。于是除了与高川、前田两位七段的对局以外，我在其余的八局中全部执白棋，当然也没有贴目。

　　读卖新闻社来找我商量这次的十番棋时，我说："高段位测试低段位倒是平常，低段位测试高段位可从来没听说过。"所以丝毫不想应战，并表示拒绝。委派记者劝我说，不参加比赛就无法升入九段，那么新闻社也就无从策划我和藤泽九段用名人之位做赌注的十番棋。我于是勉强答应了。但要被处于下位的棋士们测试，实在是令人不快。

这次的十番棋，出场棋士们以"打倒吴清源"为口号，气势汹汹地前来挑战。我当然也不能输给这些后起之秀，结果获八胜一败一和，把后生们推出擂台之外。唯一失败的是和洼内六段的对局，和棋的则是和炭野六段。这两人都是关西棋院的棋士，虽说是偶然，但也实在奇怪。十局全部结束后，前田陈尔七段问我："关西的洼内真有那么强？"我真是无从作答。

与六、七段选拔十番棋成绩一览

第一局　长谷川章七段　1949 年 7 月 27、28 日　东京　红叶旅馆

执白胜（五目）

第二局　梶原武雄六段　1949 年 8 月 11、12 日　箱根　环翠楼

执白胜（中盘）

第三局　洼内秀知六段　1949 年 8 月 24、25 日　箱根　石叶亭

执白败（四目）

第四局　高川格七段　1949 年 9 月 20、21 日　群马县　本家旅馆

执黑胜（中盘）

第五局　细川千仞七段　1949 年 10 月 23、24 日　和歌山县　万波楼

执白胜（二目）

第六局　宫下秀洋六段　1949 年 11 月 9、10 日　修善寺　丸久旅馆

执白胜（中盘）

第七局　林有太郎七段　1949 年 12 月 5、6 日　千叶县　茂木房五郎宅邸

执白胜（一目）

第八局 前田陈尔七段 1949年12月15、16日 伊豆长冈 南山庄

　　　　　　　　　　　　　　　　　　　　　执黑胜（中盘）

第九局 炭野武司六段 1950年1月7、8日 伊东 蟹谷聚乐

　　　　　　　　　　　　　　　　　　　　　执白和棋

第十局 坂田荣男七段 1950年2月2、3日 东京 红叶旅馆

　　　　　　　　　　　　　　　　　　　　　执白胜（中盘）

　　这场十番棋结束后，我八胜一败一和的成绩得到了认可。昭和二十五年（1950）二月十五日，日本棋院赠予我九段段位。当时我三十六岁。

　　藤泽和我两名九段棋士诞生后，读卖新闻社马上开始筹划我们二人的擂争十番棋，打算让我们以名人之位为赌注，展开世纪性对决。

　　升九段前的昭和二十四年（1949）十一月，日本棋院授予我"名誉客座成员"的称号。当时我做梦也不会想到自己已被棋院除籍，所以完全没有细想其中的含义，高兴地接受了这一称号。

　　昭和二十五年（1950），多贺谷不辞辛劳地为我奔波，终于在文艺春秋社出版了十卷本《吴清源全集》。编书所需的资料在战火中几乎全毁，棋谱全部凭借我的回忆作成。编辑这部全集时，我耗费大量心力，也得到了很多人的热情援助，最终才得以付梓。虽然我只拿到了不到百分之五的版税，但这是我们一家在战后第一笔较高的收入，因此印象十分深刻。

箱根仙石原

藤泽和我都升至九段后,读卖新闻社旋即开始策划"吴对藤泽"的擂争十番棋。这场比赛的实质是以名人之位为赌注的对决。然而藤泽迟迟不肯应战。我本人一向将擂争十番棋作为擂台赛,只要没被打败,无论被指名和谁下,我都会应战。战前的新闻棋几乎都是打擂形式,所以我将十番棋也当作同一回事。

但读卖新闻社和藤泽无法谈拢,实现计划遥遥无期,于是干脆策划了我和桥本本因坊的第二次十番棋。

桥本当时从岩本八段手中夺回了本因坊位,又创办了独立于日本棋院的关西棋院,正是事业兴旺之时。

和桥本进行第二次十番棋时,由于他先前已被我降级,所以对局从相差一段的先相先开始。比赛用时为每局每人十小时,实行两日制。昭和二十五年(1950)七月二十五、二十六日,第一局在箱根展开。

我连胜了第一、二局。第三局时双方都有误算,逆转后又反被逆转,接近终局时我再次出现误算,最后输了。

第三局结束后,我们一家离开了杉田西幸太郎家的小房子,搬去箱根仙石原的"读卖庄"。西先生家的房子太过狭小,而我也觉得必须认真钻研围棋了。

虽然名为"仙石原",实际上位于比仙石原高原靠前很多的俵石村。因为芦之湖的关系,这里雾气很浓,湿气重,冬天也特别冷。我搬来的时候,好几次看到树上结了冰。交通也不方便,一小时只有一班从小田原驶来的巴士,巴士上经常载着木炭,一边吐着烟一边在山路上晃晃悠悠地爬上来。

总之,当时的仙石原处在深山之中,冬天比现在要寒冷数倍,到了梅雨季节则每天都被浓雾笼罩。我身边的人考虑到我的身体和交通问题,一致反对我们搬到那里去。但我有个怪癖,越是受众人反对,我就越是固执己见。所以我坚持说:"我就是喜欢那里才要去住。"最后大家只好同意。我和妻子脱离玺宇后,玺光尊依然住在"读卖庄"里,但在我搬家之前,读卖新闻社出面让他们搬走了。

住进"读卖庄"后,我才发觉冬日的严寒和交通的不便真是不寻常,但仙石原四季的风景却完全弥补了这些不足。

登上山坡的草地,明神岳、金时山,绵延的箱根山脉就会展现在眼前。道志、丹泽的群山也近在咫尺,顶着白雪的富士山独自在西天高耸。大涌谷上升腾起雾气,似青烟般缭绕,如诗如画。这样的风景,每天看都不会厌。而秋天的芒草和红叶,春天的樱花与新绿,也是格外好看。熬过漫长的寒冬,积雪消融之时,新芽便已生机萌动。每逢此时,即使是鲜有动情的我,也会内心跃动,感受到新生的喜悦。

"读卖庄"原本就是报社用我和岩本本因坊对局酬金的一部分为我购置的,随时可以转到我名下。但我和妻子疏于世事,并没有考虑过这件事。前几年,藤泽秀行九段经营不动产公司时曾跟我们说:"把箱根仙石原的房子卖给我吧,我出高价。"并且好言相劝,说是在读卖新闻社里,也只剩下山田虎吉还知道购买这栋房子的来龙去脉了,趁山田还活着,赶紧去跟他商量,把房产转到自己名下才是。结果妻子说:"我们现在也不愁住处,去办这么复杂的手续也是很麻烦的……"藤泽秀行闻言愣住了,之后开玩笑说:"你们夫妻俩真是与世隔绝,恐怕不是地球人,是从别的星球上来的外星人吧?"

我家附近的"俵石阁"旅馆从战前就已经存在,我几乎每天都去那里泡温泉。

我在仙石原虽然只住了五年,但在比赛之余得以远离闹市,安宁闲适地度过了每一天。

和桥本本因坊的十番棋,在第四局后我就从仙石原出发去比赛。

第四局两人打成平手,第五局我赢了,于是三胜一负一和,在十一月下旬迎来了第六局。在这时却发生了一件事。

我当时感冒了,有些发烧,但姑且还是去了对局的场所,也就是位于伊东温泉的旅馆。原本我打算到达之后说明情况,如果可以就申请延期,然后回家。到了旅馆后,我先和桥本一起去泡温泉,结果桥本在泡温泉时告诉我,他也感冒了,而且在对局前两天刚发了高烧,只好闷头睡觉。我关切地询问,然而桥本笑着说:"这算什么事!现在泡了温泉心情舒适,病也会好的。"

桥本在这年的秋天反抗日本棋院而独立门户,当时刚刚宣布成立关西棋院，大概每天都异常繁忙而疲惫。他虽然嘴上说病会好，但是看样子感冒并没有痊愈。而他并不是会找借口逃避的人。我体谅到桥本的心情，原本为了自己感冒而打算延期的想法也就无从开口了。

于是两人都顶着感冒发烧在棋盘上对抗，耗尽比赛用时，斗得精疲力竭，终于结束了两天的比赛。结果是和棋。

结束对局后我总算回到箱根，却发起了三十九摄氏度的高烧，卧床不起。一周后体温依然没有下降。不少医生都来看过，但却查不出具体病因。某位医生说是猩红热，另一位说是伤寒。甚至连保健所的医生也担心我得了传染病，赶来为我检查。

被诊断为肾盂肾炎时，只允许我吃西瓜，被说是伤寒时又完全不让进食。但高烧依然不退，我饿得不行，身体非常衰弱，看起来极为凄惨。安永来探望我时，走近病床看了看，退出房间后背着我说："吴清源是不是已经不行了？"这话我听到了。

卧床半个月后，我的高烧仍然没有退，读卖新闻社的山田非常担心，带来了庆应医院的西野医生。西野医生诊断说，我感染了从朝鲜传来的流感，程度很重，但吃什么都可以，必须马上增加体力。

金泽的前多这时也听说了我的病，远道而来探望我。他带来了我最喜欢吃的松叶蟹，放在我面前，对我说吃吧吃吧。我就大口大口地吃起来，把螃蟹全部吃光了。于是体力马上就恢复了，第二天后病情也开始好转。

发烧过了两个月后，我终于可以下床了。到了第二年二月，身体恢复到了可以对局的状态。

这件事过去后,我和桥本的十番棋继续进行,第七局到第十局都顺利下完。全部结束时已是二十六年(1951)八月,成绩是五胜三败二和。以本因坊为对手,相差一段的先相先对局,这样的成绩也算不错了。

与桥本本因坊第二次擂争十番棋成绩一览

第一局 1950 年 7 月 25、26 日 箱根 环翠楼　　执白胜(七目)
第二局 1950 年 8 月 15、16 日 滨名湖观光酒店　　执黑胜(中盘)
第三局 1950 年 9 月 7、8 日 比睿山延历寺本坊　　执白败(中盘)
第四局 1950 年 10 月 10、11 日 汤河原 天野屋旅馆　　执白和棋
第五局 1950 年 11 月 5、6 日 名古屋 加茂兔　　执黑胜(中盘)
第六局 1950 年 11 月 22、23 日 伊东 蟹谷聚乐　　执白和棋
第七局 1951 年 2 月 14、15 日 名古屋 八胜馆　　执白败(中盘)
第八局 1951 年 3 月 8、9 日 伊豆长冈 南山庄　　执黑胜(八目)
第九局 1951 年 3 月 29、30 日 松山市道后 大和屋别馆　　执白胜(八目)
第十局 1951 年 8 月 8、9 日 汤河原 天野屋旅管　　执白败(四目)

养马的梦想

和桥本本因坊的十番棋结束后,暂时没有重大的比赛,我便在仙石原安静地度过了每一天。家里人少,除了我和妻子外,只有一位帮佣。妻子的亲友偶尔会来访,此外很少有人来。

仙石原的确不便，找医生也很难。胃痉挛发作的时候，医生赶来需要半天。在这半天里我疼得不行，像一只虾那样蜷缩着身体，不停地冒汗、呻吟。交通也不方便。某次去比赛，我来到公交站，却发现往常一向晚点的巴士居然比时刻表提早两分钟开走了，于是没能坐上。如果等下一班车就会赶不上电车，到最后我好不容易找到一辆出租车，请司机飞车赶路，用二十分钟赶到了小田原。

即便如此，我依然喜欢大自然包围之中的仙石原。渐渐地，我习惯了这种被丰茂绿野环绕的生活，便开始想，如果能在这广阔的高原养马，每天骑着马散散步，一定会非常愉悦。

我并不是对动物特别感兴趣的人，但不知为何，很早以前我就喜欢马。中国的南宗画里，高山屹立，山间的小道上，旅人骑着马悠然独往。每当看到这样的画面，我就跃跃欲试，也想骑马。

那时候，每当有人问我喜欢什么，我都会说喜欢马。因此很多关系好的人都送我跟马有关的礼物。家里堆满了与马有关的绘画和物品，我就更想拥有真正的马了。有次去九州的云仙，秋高气爽，我骑着马，在马倌的引导下绕着旅馆走了一圈，心情异常愉悦，我的想法也就更坚定了。

在仙石原的高原上骑着驮马、听着鸟鸣，慢悠悠地散步，该是多美好啊……我沉浸在这样的想象中，异想天开地准备实现养马的梦想。

为了实现养马的计划，我首先开始学习饲养方法。我发现，只要买下自己家斜对面那片九百五十坪[①]的空地，就可以在那里养两三匹马。那里的草很茂盛，如果饲养费依然过高，将来也可以把马变为供人乘坐的观光马，委托别人经营，如此饲料钱总归可以有着落。

那块空地归俵石阁所有，而我每天都去俵石阁泡温泉，和那边的经理相熟，于是马上去询问能否把那块地卖给我。对方回答说："如果是吴先生您想买，那我们可以卖。"价格是一坪五百日元。我高兴地向多贺谷提议买下，不料多贺谷只是嗯嗯地应着，看起来并不是很赞同。而妻子在一旁听着，虽然没有直接反对，但似乎也并不乐意。

之后，多贺谷作为我的经纪人代为调查。过了几天，他来找我，说五百一坪的土地价格太高了，半年前有个叫田中的人买了附近的五千坪[②]土地，当时不过三百日元一坪。我对家里的经济状况一无所知，看到多贺谷和妻子冷淡的态度，也就不好再坚持。

而正在这时，和藤泽九段的十番棋企划已然开始落实，养马的想法因而逐渐变淡，观光牧场的梦想也就此破灭了。

常听人说，下棋的人如果做实业往往会失败。但养两三匹驮马应该不能算实业吧。养马的计划没能实现，现在想来都觉得遗憾。如果再坚持一下，就算是只买下土地也好，我常去那片土地散步，至今都很怀念。

---

① 约合三千一百四十平方米。
② 约合一万六千五百二十九平方米。

以棋士生涯为赌注的十番棋

藤泽和我都升入九段后,两人就面临着决一死战的命运。各家报社争相策划我们两人的比赛,于是读卖、朝日、每日这三家报社达成协议,由读卖主办擂争十番棋,每日主办贴四目半的四番棋,朝日则以我、藤泽、木谷、桥本这四位棋士来企划四强战。三家报社的比赛同时进行,一起协商解决比赛区间的分配。朝日新闻的四强战为每人六局,三家总计,我一共要下二十局。

如前文所述,我向来将十番棋作为擂台战来考虑,随时准备应战。但藤泽九段那里似乎没有这么简单。无论报社怎么劝说,他都不愿参加十番棋,交涉一度触礁。眼看和藤泽的交涉在短期内不会有结果,作为过渡,报社策划了我和桥本本因坊的第二次十番棋。

我自己并不是很清楚藤泽九段和报社的交涉为何不成功,但听说他迟迟不应战的一个重大理由,是因为秀哉名人引退后,名人位持续空缺,而这场比赛将关系到由谁来就名人之位。

总之,藤泽无论如何都不应战,报社暂且让我和桥本本因坊再度对决,然后在报纸上对藤泽九段的状况做了如下的报道:

> 围棋爱好者们对吴与藤泽决斗一事翘首已久。吴氏随时

准备应战，而藤泽九段不知为何不愿参与，因此对决目前无法实现。在升段后，藤泽九段似乎精神不振，昭和二十四年（1949）秋季升段赛三胜三负，二十五年（1950）春季升段赛二胜四负，本期本因坊战三胜三负，状态持续不佳。及至桥本八段赢得本因坊之位，棋界的注目焦点即从"吴－藤泽"对决转到"吴－桥本"对决。本社静候藤泽九段应战，同时顺应众望，先行举办吴与桥本的十番棋。这将是迎来"吴－桥本"时代的本年度最大的历史性对决。

这则报道登出后，藤泽九段大为光火，在日本棋院的机关杂志《棋道》上发表了"我随时能振作"的声明，并在其中声讨了读卖新闻的无礼行为。针对此文，读卖新闻社同样在《棋道》上发表"到底是谁无礼"一文回应，十番棋的交涉就此完全破裂。在这次争吵中，双方互相揭短、毫不让步，几个月过去也不见缓和。后来藤泽的母亲过世，在葬礼上，双方终于握手言和，十番棋一事也总算有了进展。

十番棋的企划步入轨道，之后却在商议比赛用时上徘徊不前。长考派藤泽主张十三小时，并且毫不让步，而我即使让步，也不愿超出十小时。

我以前就一贯认为围棋比赛在原则上应定为一日制。围棋虽然兼有很强的艺术性，但归根到底是竞技。如果比赛持续两天或以上，难免有朋友的主意等各种不利于公平竞技的因素掺杂进来。若是想将围棋作为国际性竞技加以普及，那也应该定为一日制。何况即使比赛用时变短，棋局的质量也未必下降。用时很短的棋局也一样留下了不少出色的棋谱。我所尊敬的本因坊秀荣名人也同样主张围棋应该在一天之内下完。

总之，站在我的立场考虑，不能对任何一家报社让步。对一家让步就等于对三家让步，如此我的二十局棋将全部成为一局十三小时的三日制。这对于体重七十公斤的藤泽来说并不是问题，但对于体力不济的我，则会造成很大的负担。于是我提出每人各十小时，尽量采用两日制。

但藤泽对用时也相当执着，不见让步。我想打开僵局，一度让步为十一小时半，最后甚至让步到十二小时半，然而藤泽依然丝毫不肯退让。

比赛用时无法谈拢，交涉再度陷入僵局。此后过了半个月，我没有收到报社的半点音讯。正当我感到蹊跷，想知道事情进展如何的时候，朝日新闻社的委派记者、学艺部副部长户川常夫上门来访。

他一见到我，就立刻恳求我无论如何都要同意十三小时的比赛用时。因为报社上层开会决定，如果当天得不到我的应允，朝日新闻的四强战计划就会被废除。听闻此言，我充分理解他的难处，心想再僵持下去也只是让大家难办，于是答应用时为十三小时。

插一件无关紧要的事。关于朝日新闻四强战的对局酬金，我有段难忘的回忆。朝日新闻社听说我喜欢马，打算买一匹一流的赛马作为酬金的一部分赠送给我。当时的我如前文所述，正在热衷于养马的计划，但却完全没有想过要成为赛马的马主，于是大吃一惊。最后我以"我只想骑着普通的马散步，赛马实在消受不起"为由,谢绝了此事。

我向户川表示同意十三小时的用时,然后马上致电告知其余两家报社。如此,我和藤泽的十番棋就全无阻碍了。这背水一战终于即将开始,我心中思绪万千,第二天便出发去金泽。拜访了前多之后,我前往附近的温泉疗养痔疮。

抵达温泉地后,我本以为当天的报纸上会刊载我和藤泽十番棋的报道,结果完全没有。后来才听说,户川离开我家就直接去了藤泽九段那里,说我已经同意采用十三小时,然而与户川的期待相反,藤泽并未表示应战。户川于是跟着藤泽去了名古屋,在那里与他商谈,结果两人吵了起来,不欢而散。朝日新闻社的四强战也因此告吹。

读卖的委派记者山田覆面子(虎吉)曾说:"从来没有什么企划像'吴-藤泽十番棋'那样几度破裂、困难重重而耗时长久,实在是前无古人、后无来者。"二十六年(1951)十月,这场擂争十番棋终于得以实现。这时距离报社和藤泽九段开始交涉,已然过去了两年。

这次的十番棋,可以说是昭和二十年代最盛大的围棋对决。我平时对局很少有"绝对要赢"或"绝对不能输"的意识,总觉得运气好的那边就会赢。对局前夜接受采访,被要求表示必胜信念时,也一直比较为难。然而这一次,事成为止耗时极长,世间又瞩目非凡,所以比赛敲定后我真的紧张了。后来在俵石阁泡温泉时,永野辉雄在一旁询问我对胜负的预期,我回答说:"只要保持平常心,我想我是不会输的。"

这次胜负对决，面对计算精深而雄强有力的藤泽，我将以精确的大局观来对抗。当然，胜负只有神明才知晓。在棋盘上尽全力作战，之后坦然接受结果，遵从"尽人事听天命"的原则，才能够保持平常心。

第一局从昭和二十六年（1951）十月二十日开始，持续三日。场馆是日光的轮王寺，我们在漫山遍野的红叶中展开对局。藤泽九段执黑先行，50手后黑棋侵入左边的白模样，旋即引发了绞杀。

黑棋企图将白模样斩尽杀绝，而我的白棋也将黑棋围入自己的阵地，奋起追杀。于是双方展开了激战，最终黑棋相差一手，仅在94手时藤泽便投子认输。

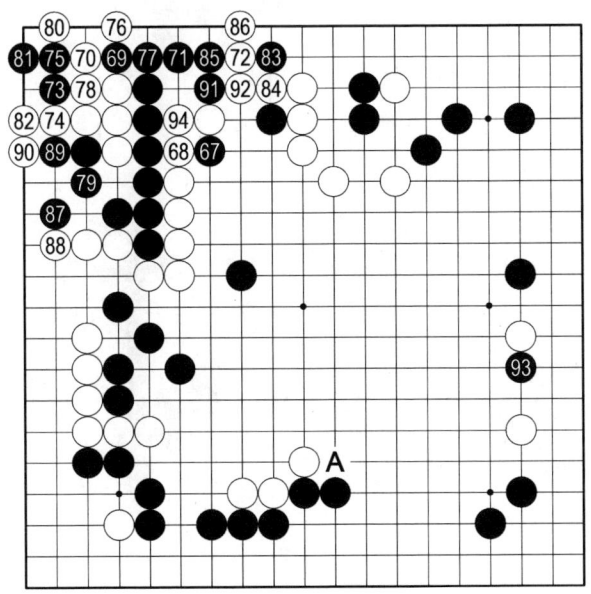

然而，黑棋差一手其实是错觉，我和藤泽竟然都算错了。其实应该是白棋的缓气劫，黑棋胜一手。终局后担任记录的盐入四段将实情告诉了我们，我们同时哑然。

总谱里的黑91手，如果挡在图1的黑1位，那么到白6都是必然的。接着黑棋不提白二子，而是在7紧气打吃，白8提取黑四子后，黑棋就在图2的1位紧气，然后从白2进行到黑5，到图3对杀时，白棋就是紧气劫而黑棋胜。不过，我觉得即便是紧气劫，白棋如果压在A位，那么胜负依然扑朔迷离。

全天下瞩目的此番决斗，双方居然在开幕第一场就同时算错，世间因此议论纷纷。不过，胜负一事是有运数的，即使是专家，双方都算错的情况也并不鲜见。这种时候，身为当事人万万不可过于在意。

第二局我是黑棋，在得胜几

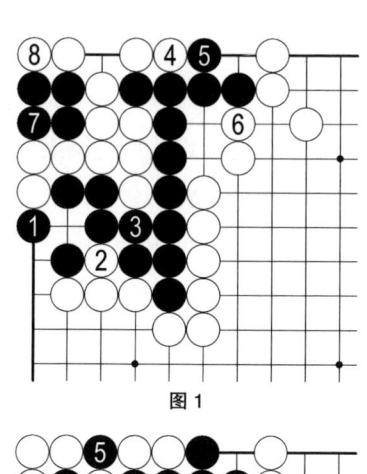

图1

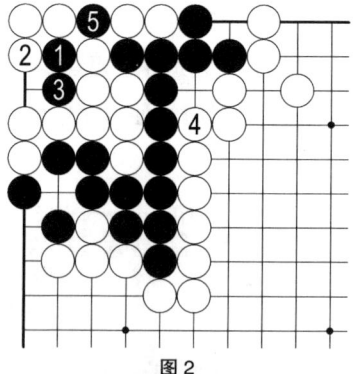

图2

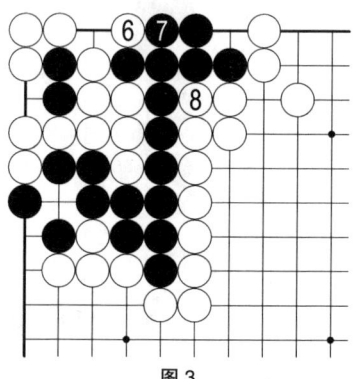

图3

成定局时却过分走棋,结果立刻被逆转。此局实在是失策。

第三局我执白,对占优势的黑棋紧追不舍,终于弈成平手。

第四局我再次执黑棋。在十番棋决斗中,这是我第一次在四局之后处于劣势,当时一胜两败一和。不可思议的是,到第四局为止,我和藤泽轮到执黑棋时均未赢过。而在不贴目的比赛中连续输掉两局黑棋,对我来说也是前所未有。第五局我是白棋,这局如果被执黑的藤泽赢了,那我就会变成一胜三败一和,局势将异常艰难。因此第五局至关重要。

第五局在熟悉的小石川红叶旅馆举行。藤泽的黑棋下得非常坚实,到第二天结束时,阵脚依然丝毫未乱,白棋无隙可入。第三天黄昏时分,双方正埋首于胜负拼杀,屋内却忽然停电了。周围瞬间变暗,但我和藤泽都浑然不觉。当时电力供应困难,停电是家常便饭,桥本和岩本本因坊的对局甚至会点着蜡烛进行。总之,我们当时埋首于胜负之争,电灯灭了也毫无感觉。后来电灯又突然亮了,这时我"啊"地惊叫一声,抬头看天花板,而藤泽也同时"啊"地抬头。随后两人相视而笑。

当时俳句诗人中村汀女也在一旁观战,于是歌咏这场景道:

　　雷动蛰初惊。梦里谁身客欸醒。一霎是春雷。

这局看完后,她还留下了另外三首俳句。

　　漫着烂柯棋。泛目金粼对复疑。日暖晕春熙。

一曜振春蕾。搜搜落子共花开。层林迭响回。

落花犹落子，春光艳艳挽无计。斯意终消逝。

俳句诗人在围棋的杀伐争斗中也能窥见风雅之趣，实在令我感叹。

第五局在灯亮之后立刻进入了异常激烈的战斗。经过几番你争我夺，白棋终于胜出。至此，双方都在白棋获胜，二胜二负一和，胜负持平，决斗重新从第六局开始。

然而第五局其实是胜负之争的巅峰，第六局到第十局是我的五连胜。

第九局时，藤泽九段迎来了决定是否降级的关键一局。执黑的藤泽本来完全不会输，谁料他出现了大错觉，自己溃散了。

最后的第十局在成田山新胜寺举行。

这次的十番棋谈成时，作为对局条件之一，藤泽提出如果他被降级就要再度举行十番棋，给自己挽回的机会。但藤泽在第九局已被我降级，所以到第十局时，再次进行十番棋已然成为定数。

第十局开始的前一天晚上，藤泽向我表示，说他想把第十局的胜负计入下一次十番棋。我回答说："第一次就是第一次，和第二次十番棋是两回事。把第一次的输赢计入第二次这种有始无终的事实在没意思。要是你觉得第十局已经无关输赢，不想再下了，那无论下不下我都无所谓，你去找山田商量吧。"接着说："已经八点了，我先睡了。"之后一头钻进蚊帐，马上睡下了。

藤泽和山田商量时似乎并不顺利。过了好久，山田终于来到我的房间，跟我说："我好不容易才说服了藤泽，第十局还是当作和擂争无关的对局来下吧。"

第二天开始的第十局，我执白棋在中盘就赢了。这场引起全天下棋迷轰动的擂争十番棋，在第九局时我将藤泽降级，最后以七胜二败一和收场。

每日新闻社的四番棋在十番棋的间隙举行，结果我收获四连胜。

这次十番棋结束后，青木一男先生、三堀将、山田虎吉等都主张："应该赠予吴清源名人头衔。"然而我却并没有特别想成为名人。倒不如说，如果谁就任了名人之位，我就想和他展开擂争十番棋，一决高下。

"给吴清源名人之位"，也只是棋界一部分人的提议，似乎并没有被郑重地商议过。

与藤泽九段擂争十番棋成绩一览

第一局 1951年10月20—22日 日光 轮王寺　　　执白胜（中盘）
第二局 1951年11月10—12日 高冈市 延对寺别馆 执黑败（六目）
第三局 1951年12月22—24日 东京 般若苑　　　执白和棋
第四局 1952年1月31日、2月1、2日 静冈 浮云楼 执黑败（中盘）
第五局 1952年3月11—13日 东京小石川 红叶旅馆 执白胜（中盘）
第六局 1952年4月1—3日 伊香保 千明仁泉亭别馆 执黑胜（中盘）
第七局 1952年4月24—26日 福岛县饭坂 花水馆 执白胜（中盘）
第八局 1952年5月14—16日 松岛 白鸥楼　　　执黑胜（中盘）

第九局　1952年6月11—13日　登别　泷之家旅馆　　执白胜（三目）
第十局　1952年7月2—4日　成田山新胜寺　　　　执白胜（中盘）

应邀访台

昭和二十七年（1952）八月，我打败了藤泽库之助（朋斋），实质上已经成为日本棋界第一人。台湾围棋界因此向我发出了访台邀请函。

当时的台湾棋院由周至柔出任理事长，台湾银行总裁应昌期担任干事。大哥吴浣也作为理事之一，无偿地介绍、解说日本棋谱，帮助普及围棋。但棋院尚未开辟专门的地方让爱好者们聚集起来自由下棋。所以虽然名为棋院，却还只是有名无实。

我决定接受邀请时，日本的朋友们非常担心。他们担心我访问台湾后，那边会对我说"不要回日本了"，于是我再也回不来了。然而我认为，如果去了以后真的没法回来，那就到时再说。总是担心结果、考虑之后的事，就会没完没了，所以我对此并不挂心。像我这样在异国他乡生活的人，如果过分在意结果和未来，就会无法生活。孔子在教育弟子时，曾说过如下类似的内容："事情实施之前应该考虑两次。只考虑一次就行动，容易因为轻率而后悔，但如果考虑三次，就会心生疑虑，结果什么也做不成。"① 我向来将这段教诲奉为自己的行动指南。

---
① 参见《论语·公冶长》。

此次受邀访问时，台湾棋院打算赠予我"棋圣"的称号。但"棋圣"是指棋士生涯圆满结束后，因其出类拔萃的棋艺及人格受到人们的尊敬而被赠予的称号。我依然还有很长的棋士生涯要走，这个称号对我来说为时过早，万一将来成绩下滑，就会有损棋圣之名，实在欠妥。我便以现在接受棋圣称号心有不安为由而辞却了。台湾棋院于是转而赠予我"大国手"称号。对此，我郑重地接受了。

"国手"一词在中国，等同于日本围棋的"名人"。"国手"原本的含义是"领导国家的手"，指的是占卜阴阳、观测天文然后制定历法，为农业等生产活动制定方针的人。围棋的起源是用于占卜天文和阴阳，所以"国手"也就是使用围棋的人。后来围棋演变为争夺胜负的游戏，但"国手"这一称呼却流传了下来。

访台一行由我和妻子、多贺谷，还有女子棋士本田幸子四人组成。妻子被取消国籍后一直是无国籍状态，为了办护照，拜托律师帮忙，恢复了日本国籍。

这是我初次踏上台湾的土地。大哥吴浣和母亲，还有两位妹妹都健在。自从昭和十六年（1941）分别后，我与母亲相隔十一年才得以重聚。母亲希望去日本和我们同住，我便和她约定办完手续就请她来日本。一年后，昭和二十八年（1953），我们在箱根仙石原为母亲盖了一栋小房子，终于又住在了一起。

我们一行受到了全台湾的热烈欢迎。

台湾棋界看到我打败了藤泽，成为棋界第一人，便想当然地以为我在日本棋界持有相当的发言权，在经济上也取得了成功。

很多人热情地欢迎我们，每天都盛情款待，但并没有给我分文酬金。其实我不知何时已被棋院除籍，如果输了十番棋，随时都可能被日本棋界驱逐。当时我并不知道，即使知道，告诉台湾棋界也是无济于事。

访台期间，我前往台湾红卍字道院参禅。台湾红卍字会复兴不久，运营困难，见我来访，便请我提供援助。在台湾的人都以为我在日本功成名就，肯定非常富裕，其实我四五年前还身无分文，实在没有余钱来援助。困顿之下，我只得出了下策，请应昌期先生先赞助我三千元，然后把这些钱捐给台湾红卍字会。谁知周至柔理事长在得知此事后，把我叫去说："你怎么这么随便？做出这种事我们都会很麻烦！"大哥吴浣也批评我说："真是添麻烦。"他们并没有明说为什么不可以，但台湾当局和红卍字的关系似乎不好。

应昌期先生也是知名的围棋规则研究者。几年前他制定了一套台湾规则，曾对我和林海峰九段说，他想听听我们这些日本棋界人士的意见。说是只要我和林海峰认可了，就翻译成五国语言，作为国际围棋规则来宣传普及。

为了向我们说明台湾的规则，曾在神户很有势力的华侨吴先生代表应昌期来到日本，邀请我、林海峰、三堀将、村上文祥等人，一同探讨台湾规则的优劣。在那次讨论会上，大家大多带着礼节性的恭维，纷纷表示规则非常好，只有我一个人反对说："有些地方不够好。"

详细的说明在此省略。我认为台湾规则其实十分合理，但重大的缺陷是必须将实地全部填满，棋盒里的棋子差一颗都不行。

关于围棋规则，我会在后文详细叙述。不过，我从以前就觉得日本棋院现行的围棋规则并不合理。而现行的中国规则，无论是作为对弈规则，还是作为对围棋的思考方法，都最为自然，没有更改的必要。中国规则是从围棋发祥伊始就和围棋一同发展起来的，这与国家、政治无关。

少年林海峰

台湾围棋界邀请我去访问的另一个目的，是想让我测试少年林海峰的棋力，如果他有发展可能，则希望由我来帮助培养。

当时林海峰只是个十岁的孩子。他和棋院理事长周至柔是同乡，周先生很想把他培养成一流的棋士，因此耗费了不少心力。

我和少年林海峰的这局测试棋在大会堂举行。场内座无虚席，对局在近两千人面前展开。仅从如此场面，也可窥见林海峰被众人寄予了多么大的期望。对局为让六子，局势摇摆不定，最后我在林海峰的阵地中发威，得手后白棋获一目胜。林海峰在之后说，一开始他非常紧张，序盘时下了什么都不知道，但当棋的走势变得险恶以后，他才总算清醒过来，发挥了应有的实力。

测试局结束后，周先生问我："如果林海峰去日本进修，今后能升到六、七段吗？"我说："可以的话尽早让他来日本留学，进修之后应该能成材。"我在判断孩子们的潜力时，首先重视年龄，其次才看当时有多强。只要有一些天分，年纪越小越容易成为一流棋士。林海峰那时才十岁，让六子局已经下得不错，之后只要他自己努力，应当可以上升到很高的位置。

周先生原本把林海峰送去日本学习的想法，就是让他寄宿到我家，如此我每天教他，他就能变强。但要提升棋力，就必须和同样以人生为赌注、努力成为职业棋士的预备役选手们不断切磋，而我家地处箱根，无法让他每天往来于棋院。台湾方面于是联系了一位在东京经营中餐馆的华侨，让林海峰去那里寄宿。试验棋局过去两个月后，昭和二十七年（1952）十月，林海峰带着成为一流棋士的目标，东渡日本。

我必须立刻决定让他归属哪家棋院。台湾方面希望让他去升段较快的关西棋院，但我认为新手云集的日本棋院更能磨炼他的能力，便让他做了日本棋院的院生。如果我当时知道自己已被日本棋院除籍，应该就会让林海峰去关西棋院了。

林海峰作为院生，每天都去日本棋院学围棋，但却并没有很顺利地提升实力。提供寄养的华侨并不懂围棋，而棋院对院生也不会进行日常生活的教育。更何况他还只是个孩子，离开父母，一个人来到日本，语言也不通，大概每天都很孤独。而在胜负的世界里，必须打败对手才能上升，小孩子的心灵往往不能明白这一点，我小的时候便是如此。少年林海峰无法适应从早到晚学习围棋、必须不断在比赛中获胜的院生生活，经常一个人去浅草游玩，或者半天都坐在山手线的电车上循环绕圈，无法集中心思作为预备役选手来进修。

这样可不行。我于是和多贺谷商量，让林海峰搬去京都的朱润义家。朱先生曾担任大阪华侨联合会的会长，很有势力，对围棋也很了解。朱先生接纳林海峰后，让他去京都藤田梧郎先生家中的日本棋院关西本部进修。那时距离林海峰来日本，已经过去了一年半。

父亲去世后，全家上下的生活都要靠我下棋来维持时，我才感受到压力，真正开始全力以赴地磨炼棋艺，棋力也才不断上升。林海峰大概也被朱润义不断灌输作为台湾代表在日本进修的重大责任，从这时起，他对学围棋终于开始认真了，棋力也不断进步。之后朱先生搬去了名古屋，林海峰就住进了藤田先生家。来日本的第三年，他定了初段。

林海峰来日本后的第二年，快定初段的时候，曾来位于仙石原的我家玩。那时我让三子和他练习，他的棋已经很扎实，看起来是很认真地在学习。我总算放心了。

在我漫长的围棋生涯中，林海峰是我唯一的弟子。虽然因条件所限，他没能一直在我身边，但直到他升上三段为止，我都持续与他进行通信教育。少年林海峰把自己的棋谱寄来后，我会加以点评，然后寄回。他定段后，成绩优异，上升之快令人瞠目。后来听他说，我的通信指导对他养成大局观十分重要。作为老师，我总算感到自己尽了义务，很是欣慰。

此后，我由于摩托车事故的后遗症，在第四期名人战循环圈赛中全败。而林海峰在这次比赛中拔得头筹，在接下来的挑战赛上也击败坂田名人，年仅二十三岁便就任名人之位。当我在漫长的棋士生涯中看到边界的时候，唯一的弟子——青年林海峰却得以成为名人，怎能不令我感慨万千。

与坂田八段的擂争十番棋

为期约三周的台湾之行结束后,我们回到了日本。等待我的,是和藤泽九段的第二次擂争十番棋。藤泽想要在这次比赛中一雪前耻。算上昭和十九年(1944)与他的让先十番棋,这是我和他第三次以十番棋相争。

在上一次互先十番棋中,藤泽已被我降级。所以这次比赛时,他的棋份是先相先。比赛从二十七年(1952)十月开始,在二十八年(1953)三月进行了第六局。

我在第六局获胜,累计五胜一败,将藤泽降为定先,比赛随之结束。第六局时,据说藤泽觉得如果被打败就有损日本棋院的名誉,于是怀揣着辞呈上场,真是名副其实的背水一战。不过,面对胜负时还是不能失去平常心,否则本来能赢的棋局也会赢不了。

与藤泽九段战后第二次擂争十番棋成绩一览
第一局 1952 年 10 月 9—12 日 新潟 柳雪庄　　执白胜(中盘)
第二局 1952 年 11 月 11—13 日 长野 善光寺　　执白败(中盘)
第三局 1952 年 12 月 12—14 日 江之岛 洗心亭新馆 执黑胜(中盘)
第四局 1953 年 1 月 10—12 日 大阪 箕面国际观光酒店 执白胜(中盘)
第五局 1953 年 2 月 11—13 日 静冈 一碧楼水口屋 执白胜(五目)
第六局 1953 年 3 月 2—4 日 热海 清流庄　　执黑胜(中盘)

同年（1952）十月开始，每日新闻社每年都举办我和现任本因坊的贴目三番棋。当时高川八段连任本因坊，于是到昭和三十五年（1960）为止，我几乎每年都要和高川本因坊下三番棋。期间也有中断的年份，最后在九年之中总共下了二十一局。

与高川本因坊的三番棋中，刚开始时我十一连胜，接着四连败，之后三胜三败。三十五年（1960）结束时总计十四胜七败。

而从昭和二十八年（1953）五月开始，读卖新闻社举行了我和坂田八段的六番棋，以先相先对局。

坂田八段当时在各个棋赛中皆成绩斐然，已然预示着他全盛时期的到来。昭和二十四年（1949），我与岩本本因坊的十番棋结束后，据说被降级的岩本本因坊多次提及："就算我被降级，之后还有坂田呢。"

在这次的六番棋里，坂田尽显"剃刀坂田"的威风，犀利无比而兼具"二枚腰"①的韧劲。我陷入了大苦战。尽管是先相先，但一胜四败一和的坏成绩，在我战后的番棋赛中也是前所未有。对局自始至终都是激烈搏斗，殊死力争之后又往往以微乎其微的胜负告终。以我的败局为例，第二局执黑三目败，第四局白棋输两目，第五局黑棋输一目，皆是如此。

看到这次六番棋的结果，棋迷们自然会翘首期盼我和坂田八段在"擂争十番棋"中决一死战。于是，我和坂田八段的擂争十番棋在昭和二十八年（1953）十一月开始，与六番棋一样是先相先。

此次十番棋，面对劲敌坂田，我丝毫不敢掉以轻心。在十番棋全部结束以前，我对体力和精力都格外注意、小心维持。另

---

① 形容棋风极其坚韧不拔。

外，当我面临十番棋时一向如此，那就是只在棋盘上全力以赴，但并不在意结果，让自己完全不去想"我必须赢"或者"输了怎么办"。这种精神是借由信仰培养的，因此可以说，是信仰在支撑着我的棋力。我一贯认为，只要是一流棋士，棋力上其实相差无几，所以胜败的归属往往大半取决于精神状态。

和坂田的十番棋，到第四局为止是二胜二败，但我连胜了第五到第八局。最终以六胜二败，将坂田降级至定先而结束。

与坂田八段擂争十番棋成绩一览

第一局 1953 年 11 月 4、5 日 东京 福田屋　　　　执白败（三目）

第二局 1953 年 11 月 19、20 日 水户 水户观光酒店 执黑胜（中盘）

第三局 1954 年 1 月 7、8 日 静冈县 一碧楼水口屋 执白胜（二目）

第四局 1954 年 2 月 13、14 日 冈山市 鹤鸣馆　　　执白败（二目）

第五局 1954 年 3 月 27、28 日 甲府 升仙阁　　　　执黑胜（十目）

第六局 1954 年 4 月 27、28 日 富山市 清风庄　　　执白胜（中盘）

第七局 1954 年 5 月 23、24 日 水上温泉 苍海酒店　执白胜（中盘）

第八局 1954 年 6 月 24、25 日 花卷温泉 松云阁　　执黑胜（七目）

最后的十番棋

和坂田的十番棋结束后，我下一次擂争十番棋的对手，自然是高川本因坊。

从昭和二十七年（1952）以来，我和高川本因坊几乎每年都进行三番棋。当时我虽连连获胜，但轮到擂争十番棋，依然必须严阵以待。

虽然高川的棋风不是力战型，他正确的大局观和良好的平衡能力也没有受到足够的赞誉，但其实高川在发觉局势不佳时也会发挥出惊人的力量。他能够连续卫冕本因坊之位，实力自然不容小觑。

昭和三十年（1955）七月，最后的擂争十番棋拉开帷幕。关于这次比赛，读卖新闻社当时发布了如下的公告：

> 本社多年来向读者提供最高质量的对局。此次即将举办的，便是吴清源九段与高川本因坊秀格的"擂争十番棋"决斗。
>
> 自从"不世出的天才"吴清源崭露头角后，"谁将打败吴清源"的呼声便在多年间不绝于耳。当时被认为最强的雁金、木谷、桥本、岩本、藤泽、坂田，这些耆宿或新锐们在吴清源面前一一败北，以至几乎无人可以与之比肩。而这时，默默积淀棋艺棋力，破纪录达成本因坊四期连胜伟业的高川出现了。世纪决战因此继续展开。
>
> 清新绚烂一如既往，天衣无缝型的吴清源是否依然能所向披靡、阔步向前？又或者心如止水而兼具骁勇威风，聪明理智型的高川能一举击败无敌的吴氏？在残酷的胜负之道上拼杀至今，成也罢、败也罢，棋盘上的生死较量本就是棋士的宿命。这场投入全副心魂、舍生忘死我的十番争斗必将成为名谱而流传后世，亦必然不负众棋迷之望。（后略）

这次十番棋以互先进行，比赛定为每人十小时的两日制，和与坂田对局时一样。我连胜了第一到第三局，第四局是高川本因坊的关键局，如果输棋就将被降级，他的黑棋在中盘获胜，挺了过去。之后我执黑赢第五局，本因坊执黑赢第六局，而我又执黑赢了第七局。轮番守住黑棋后，我获五胜二败。

这时，高川进入了本因坊的卫冕战，于是比赛中断了五个月。他卫冕成功后继续进行了第八局，结果我的白棋获一目胜，六胜二败，终于将本因坊降级。但在这之后的第九、第十局我接连输棋，最终成绩是六胜四败。

与高川本因坊擂争十番棋成绩一览

第一局 1955 年 7 月 19、20 日 箱根 奈良屋　　　 执黑胜（三目）

第二局 1955 年 8 月 16、17 日 北海道定山溪 栖霞庄 执白胜（中盘）

第三局 1955 年 10 月 11、12 日 松本市 东山观光酒店 执黑胜（中盘）

第四局 1955 年 10 月 16、17 日 皆生温泉 东光园　 执白败（中盘）

第五局 1956 年 1 月 24、25 日 馆山市 木村屋旅馆 执黑胜（中盘）

第六局 1956 年 3 月 7、8 日 洲本市 四州园　　 执白败（一目）

第七局 1956 年 4 月 4、5 日 铫子市 矾屋酒店　 执黑胜（中盘）

第八局 1956 年 9 月 28、29 日 十和田湖 十和田湖酒店 执白胜（一目）

第九局 1956 年 10 月 1、2 日 福岛 里磐梯高原酒店 执白败（中盘）

第十局 1956 年 11 月 26、27 日 藤泽市 江之岛酒店 执白败（一目）

我在这次的十番棋中击败了高川本因坊。至此，当时所有和我对局的一流棋士棋份都已被降为差一段的先相先或是差两段的定先。此后已然找不到能与我匹敌十番棋的对手，于是和高川的这场比赛成了最后一次十番棋，读卖新闻社也随之结束了擂争十番棋的企划。

从战前的镰仓十番棋开始，持续十五年有余的十番棋之战终于结束。我在松了一口气的同时，也感受到一丝淡淡的寂寞，真是感慨万千。现在想来，持续征战十番棋的这十五年，也是我棋力最为充沛的鼎盛时期。

战后参与十番棋时，从玺宇到箱根仙石原，我虽辗转迁居却一直远离东京，所以没有入室弟子，与其他棋士的交流也很少。我常常是独自一人钻研围棋，下十番棋时也几乎不研究对方的棋风。我认为，如果过于在意对手的棋风，反而可能束缚自身的发挥。独自钻研时不用在意他人，也不会被他人打扰，能更加沉着安定，但与此同时，也只能生成自己的看法。战前的棋士们几乎都是独自研习，而在围棋研究步入现代之后，闭门独自研究显然已经无法适应时代。由于我在擂争十番棋上持续获胜，棋士们便在"打倒吴清源"的口号下成立了"吴清源研究会"，热烈地进行共同研究。这真是意想不到的功劳。为了打倒我，战后的围棋研究应该也有不小的进步。

我在十五年有余的时间里，持续将号称当代第一人的棋士一一击败，却既无经济上的成功，也未获得名人之称。名利无收之外，反倒还被日本棋院除籍。但是，我一贯全力以赴地下棋，既不欺诈他人，也不做令自己蒙羞之事，问心无愧。能够在擂争十番棋中一路获胜，乃是因为我诚实地接受了自己的命运，拼尽全力地奋斗，于是掌管胜负的神明认可了我的努力。这是我最大的骄傲。

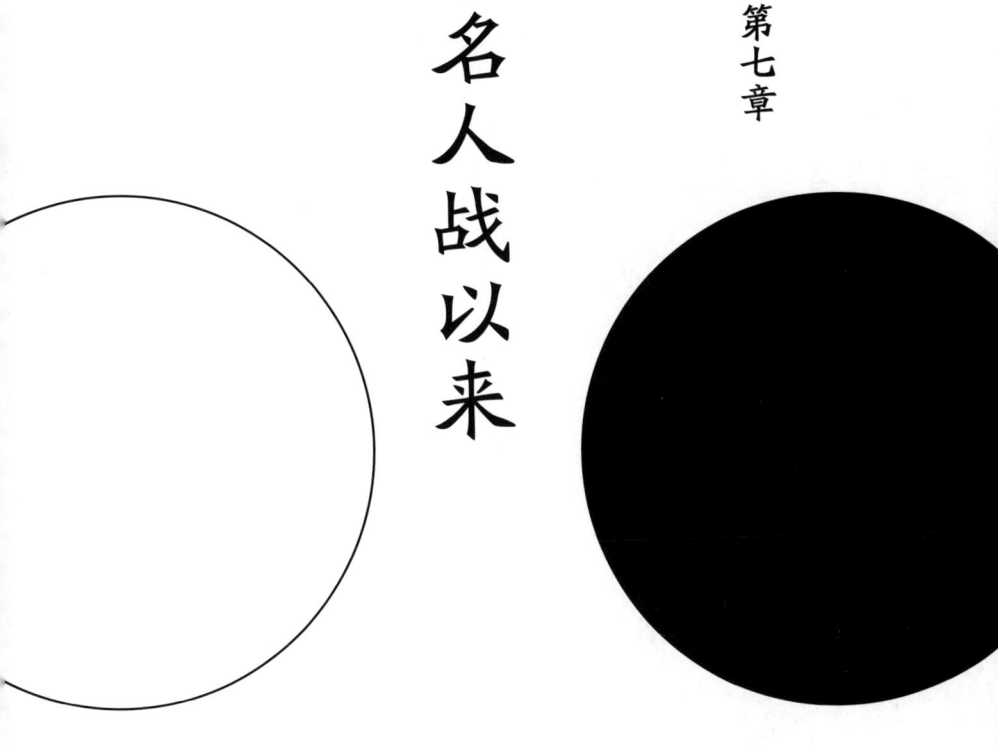

第七章

名人战以来

与梅兰芳重逢

昭和三十年（1955），妻子怀上了我们的第一个孩子。那时我四十一岁。

为了迎接将要出生的孩子，我们搬离了已经住了五年的仙石原。我虽然完全适应了仙石原高原的生活，也喜爱那里丰富的自然景色，但考虑到高龄的母亲和初生的婴儿，实在无法继续这种生活，只得搬去更方便的地方。然而如果去东京，则容易卷入大陆派系和台湾派系的华侨之争，我对两边一向持中立态度，所以会很麻烦。

最后，我们搬去了气候温暖、生活也比较便利的小田原。昭和三十一年（1956）一月，搬家结束的时候，长子信树诞生了。

母亲、我们夫妻和信树，四人开始一同在小田原生活。正在这时，作为日中文化交流的一环，中国京剧界一行受朝日新闻社之邀来访日本。京剧是在源远流长的中国传统文化中产生的剧种，比日本的歌舞伎更古老，一向深受大众追捧。担任此次京剧文化访问团团长的，就是著名京剧演员梅兰芳。副团长则是现在依然出任中日友好协会会长的孙平化。

我还在中国的时候，梅兰芳就已经是青年名角，人气极高。对于我这样大的孩子来说，梅兰芳就是崇拜的偶像。大仓喜七郎男爵曾在战前邀请梅兰芳等京剧界人士来访日本，这次是他第三次访日。

我在第一章中曾经提过，姨父李家是巨富，尤其李律阁、李择一这两位相当有权势。在我还小的时候，李择一曾撰写过京剧剧本，由梅兰芳担任主演，因此李家一族都是梅兰芳的拥趸，私交也很好。我曾经由李择一介绍，见到了心中的偶像梅兰芳，当时我还是个孩子。而梅兰芳也依然记得我就是那个"天才围棋少年"。

听说梅兰芳来日本了，我怀念故交，便和多贺谷一起去他下榻的广场酒店拜访。这次重逢时隔三十年，但两人毫无隔阂，一见面就欢快融洽地开始聊天、谈论艺术之道。期间梅兰芳热心地问我，怎样才可以让中国的围棋繁荣起来？我回答说："如果要振兴中国围棋，首先要选出有天分的少年，把他们送到目前围棋最先进的日本来进修，这是最快的方法。"

临别的时候，我向梅兰芳赠送了自己的围棋全集，梅兰芳则送给了我《梅兰芳剧本选集》和《舞台生活四十年》两册书。当时我也拿到了他在日本上演《霸王别姬》的招待票，这是我第一次和妻子一起去看公演。

梅兰芳的这场演出非常精彩，扮相、身段皆无丝毫颓势，连我这样的戏曲盲也被他纯熟的演技完全吸引，心神沉浸在舞台上的世界中。通过这场演出，我切身体会到艺术在经年积淀之后的深邃，于是不由得想，自己在围棋上也应当不断精进。

中日文化访问团回国数月后，梅兰芳寄来了一封信。信上说，回国后他拜托友人顾水如找到了两名围棋天才少年，下一步想让他们来日本进修，于是询问是否可以寄宿在我家。这两位围棋天才是陈祖德、陈锡明。

我虽然也想让他们来我这里，但我家地处小田原，离棋院很远，并且母亲年老体衰、时常生病，我无法在家中安顿两人。于是我回信说，请找更合适的人让他们寄宿。谁知在此期间长崎发生了"国旗事件"，中日的民间交流再度中断，此事也就没有下文了。

又过了六年，昭和三十七年（1962），陈祖德、陈锡明两人和其他三名棋士一起，跟随战后首个中日友好围棋团来到日本。他们与年轻的日本职业棋士对局，其中唯独十七岁的少年陈祖德四胜三败获胜，赢得众人瞩目。据说周恩来总理在他们出发前曾嘱咐陈祖德说："到日本后，一定不要忘了拜访吴清源。"他来访小田原时，我不由得想，如果能超越国境之隔，让这位天才少年在日本的棋院和我家之间自由出入，那该多么好啊。

缓一手劫的问题

前文曾提到过，昭和二十五年（1950）之后，我每年都会参加每日新闻社的三番棋、四番棋比赛。昭和二十五年（1950）对桥本本因坊的三番棋获得三连胜，昭和二十六年（1951）对藤泽九段的四番棋获得四连胜。此后于昭和二十七年（1952）开始了与高川本因坊的三番棋，到昭和三十三年（1958）年二月为止十一连胜。于是到昭和三十三年（1958）年二月第四次三番棋的第二局为止，我创下了总计十八连胜的纪录。但在之后的第三局

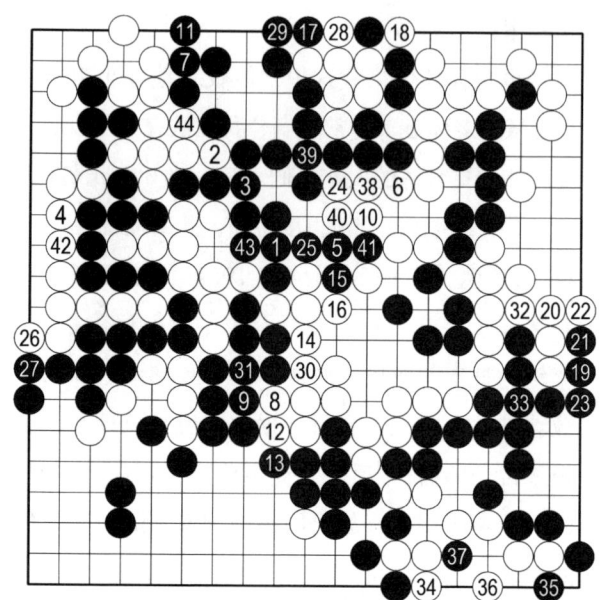

失利，每日新闻棋赛的连胜就此告终。

此后我与高川进行了第五次三番棋，比赛从昭和三十四年（1959）十二月起持续到第二年。

第一局我输了，第二局时发生了下面的事。当时我执白棋与高川持续激战，在胜负不明的状态下接近终局。双方拼命收官，单官全部收尽后成了如图所示的局面，于是双方都停手了。请看棋谱：如果就这样终局的话，盘面上黑棋多四目，但由于比赛贴四目半，所以白棋赢半目。但是白棋中间地带还留有图A那样的棋，如果不补，黑棋打吃就会成劫，但白棋劫材多，黑棋即使打劫，最后也是白棋获胜。高川的计算与我相同，所以并未打劫。黑棋即使打劫,也打不赢。作为我来说,黑棋的手段既然不成立,我也就没必要补一手,因为如果补一手,白棋就会输半目。但高川沉默不语,等着我补一手。而我不补,等着高川宣布终局。两个人围着如图所示的盘面对坐,双双陷入了沉默。过了一会

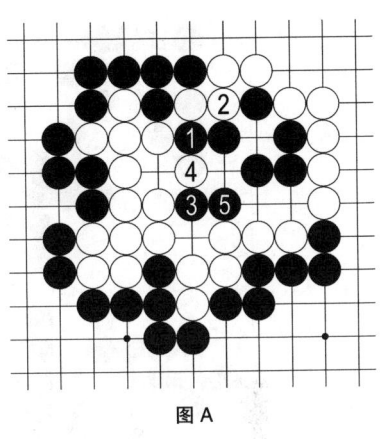

图 A

儿,高川离开了座位,和每日新闻负责的记者村松一起进入别的房间商量。

为什么会发生这样的情况?因为日本棋院的围棋规则中有一条是"一手劫时应补棋"。按照这条规定,我必须补棋。但是,在没有棋的地方补棋,明显违反棋理。我不补棋并非执着于胜负,而是因为没有必要。再说,当年和岩本先生进行十番棋时,第二局发生了相同的状况,我也同样认为无须补棋。

然而,高川似乎认为我是故意不补棋。过了很久,村松走出来,对一直坐在棋盘前的我说:"请按规则补棋,一直这样硬撑下去,报上就会指责你的态度问题。"我反问道:"那么,请说明为什么必须补棋?"于是高川走了出来,再次坐到棋盘前,双方开始讨论各自的主张。

这局棋如果继续下,就会变成参考谱那样的局面。我提走最后一个劫24(黑21)后,黑棋就没有劫材了。到这里为止,双方的计算是一致的,如果黑棋继续落子,那就会损失一目。于是高川说:

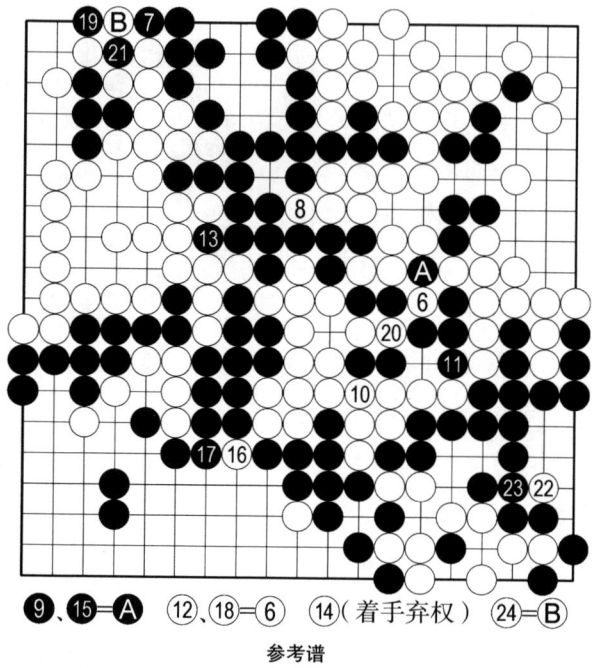

参考谱

⑨、⑮＝Ⓐ　⑫、⑱＝⑥　⑭（着手弃权）　㉔＝Ⓑ

"已经没有落子的地方了，下一手我弃权。"我说："既然如此，我也弃权。"结果高川下一句说："那么我提劫了。"我说："你没有下，我也没有下，所以不能提劫。"这时高川才终于明白，说："原来如此，问题在这里啊。"

这个问题交由日本棋院的审查会处理。审查会讨论后认为这局棋依然按照棋院之前的规则，白棋补一手后，执黑棋的高川胜半目。但审查会也承认规则有不完善之处，承诺会尽快探讨、予以完善。然而此事至今已过去二十五年，却丝毫未见棋院有改善围棋规则的意向。

另外，关于这次的问题，有一些书里将原因归结于我不是日本棋院的棋士，因此主张自己没有义务遵守棋院制定的围棋规则。我从未将此作为理由，何况当时我完全不知道自己已被日本棋院除籍。而我也在前文说过，如果知道了，一定会首先解决除籍问题，否则不会继续对局。这个缓一手劫在战前就偶尔会成为问题，本因坊秀哉名人曾说："在实战中，缓一手劫若无必要补棋就不用补。"我也赞同他的观点，认为一切都应该在实战中解决。

从最强战到名人战

从昭和十四年（1939）与木谷实的镰仓十番棋开始，我连续征战擂争十番棋达十五年以上。昭和三十一年（1956）和高川本因坊的十番棋结束之后，我终于再无对手，十番棋因此落下帷幕。为了代替擂争十番棋，读卖新闻社重新企划，从昭和三十二年（1957）起，举办"日本最强决定战"。这场比赛其实是要以实力决出"名人"，报社计划让当时所有的九段，也就是我、藤泽朋斋、桥本宇太郎、坂田荣男、木谷实，外加本因坊高川八段共六人进行循环圈赛，每两人之间各执黑一局，执白一局。比赛俗称六强战，如名称所示，是要决出最强者。但我对此非常不满，因为所有出场的棋士都已经被我在擂争十番棋中一一打败而降级。这些被降级的棋士并未再次和我对决来升回原级，却马上回到互先棋份和我争夺最强,简直好比借了钱却毫无理由地单方面不认账。这是对四百年来围棋界惯例的无视。如果这样,那我以棋士生涯为赌注,全力拼杀了十五年擂争十番棋的意义何在?

我向当时读卖新闻社的代表高桥雄豺提出抗议。高桥和我会谈后,以书面形式约定:"读卖新闻社今后都会以吴清源为中心企划围棋赛。吴清源也将全力支持读卖新闻社的良好企划。"我于是接受了最强战。

第一期最强战从昭和三十二年(1957)开始,持续到昭和三十三年(1958)四月。我八胜二败获得冠军。第二名是木谷九段,六胜三败一和。第三名坂田九段,四胜五败一和。在这次比赛里,我和木谷在昭和十九年(1944)后,时隔十四年再度对局。

接下来的第二期,坂田九段八胜一败一和获胜。第二位是木谷九段,五胜四败一和。我五胜五败,位列第三。这一期比赛中,坂田九段的上升之势有如破竹,给我留下了很深的印象。

第三期,我与坂田九段皆获六胜三败一和,同列榜首。

"日本最强决定战"的第三期还没结束,报社却在未告知我的情况下,从第二年起将比赛转为"名人战"。除我以外,名人战第一期的参赛棋士有坂田荣男、高川格、木谷实、藤泽朋斋、杉内雅男、宫下秀洋、岛村俊广、藤泽秀行、岩田正男、桥本宇太郎、桥本昌二、半田道玄,总共十三位。比赛以循环圈赛方式进行。由于报社事前完全没有和我商量,所以这项企划公布后我非常吃惊,和高桥的书面约定"读卖新闻社今后都会以吴清源为中心企划围棋赛"完全成了一纸空文。

这实在太过分了。我于是向编辑部主任小岛抗议。小岛回应说:"这次比赛是与日本棋院以及关西棋院签署合约,所以无法只优待吴清源一人。但如果吴清源落选名人战循环圈赛,读卖新闻社将放弃名人战,重新以吴清源为中心来企划棋赛。"我心想读卖新闻社耗费巨资才实现了名人战,以自己的一纸合约让其终止也不妥,所以同意参加。不过,报社虽说以我为中心,但并没有把我列为第一期名人,只是把我划为十三位棋士中的一人,这让我无法释怀。一直以来我都向当时的第一人挑战,十五年间用擂争十番棋将他们一一打败,这样的成绩居然没有得到任何结果,实在让人难免有落寞之感。

就这样,我心存不满地参加了第一期名人战。

战后的红卍字会

围棋和信仰,这两者对我的人生而言好比车的两轮,缺了哪一边我都无法在日本这个异国他乡生活下去。而我能长久地维持棋士生涯,也是依靠信仰保证了精神的安定。不过,假如必须在棋士生活与信仰之道中选择其一,那我将毫不犹豫地选择信仰之道。昭和十年(1935)信仰红卍字后,信仰对于我,就像空气一样不可或缺。

战后我一度信仰玺宇,每天都沉浸在宗教活动中。但即使在那时,我也一如既往地保持着对红卍字的信仰。

住在仙石原时,我与围棋界交流甚少,没有比赛的时候就独自研究棋谱和宗教。当时我重新研读了有关红卍字教义的一些书，那是红卍字后援会经历战火之后残存下来的。此外也学习了日本各种神道的教义。最后我得出的结论是：红卍字的教义最为接近真理。带着这种确信，我的信仰进一步加深了。

战后，昭和二十四年（1949），中华人民共和国成立了，国家对宗教信仰实行管理。世界红卍字会于是遵循坛训，"北京总会、天津宗院、济南母院的所有权限全部转移至香港"，在第二年昭和二十五年（1950）于香港成立了"宗母总办事处"，将这些权限全都转移到那里。

日本方面，昭和二十五年（1950）大本教复兴后，教主出口宇知磨马上计划与香港红卍字总院展开交流。大本教的第一代教主出口仁王三郎曾与红卍字最高神明至圣先天老祖通灵，所以被委任在日本成立道院。大本教因此从战前就热衷于成立世界红卍字会日本分部。

而从大本教分出的另一派在静冈创立了名为"三五教"的宗教，他们也期望和红卍字展开交流。结果从昭和二十七年（1952）起，双方在日本红卍字总院的归属问题上产生争执，为了争夺建立世界红卍字会日本分部的主导权而不断地进行激烈的斗争。

香港道院无法对日本的这一情况坐视不理，于是从台湾派来两位干部，加上住在日本的我，三人一起协助调停纷争。

调停的进展并不顺利。我们召集两边的干部一起开了很多次理事会，但只得出模棱两可的结果。台湾来的两位调停人将后续工作交给我就回去了，调停于是由我一人承担。为了解决这个难题，我只得独自一人费尽苦心。

在此期间，九州的练早发生了大水灾，香港道院把约三十五万日元的救援金送到我手上。当时日本尚未成立接收钱款的红卍字组织，所以我把这些钱悉数捐给了日本红十字会。

在这样的情况下，时任东洋大学校长的大岛丰开始创立红卍字日本分部。香港方面的坛训指示："道院是修行场所，必须修建妥当，否则不利于红卍字日本分会的起步。"但大岛无视坛训的指示，在临时搭建的房屋里强行起步。这又给我增添了烦恼。

命中注定的摩托车事故

那是昭和三十六年（1961）八月的事。当天下午一点，筹备红卍字日本分部成立的事务所里将召开理事会。事务所位于丰岛区目白的椿山庄附近。我从当年一月开始参与名人战，当时仍处于比赛期间。为了参加这次理事会，我从小田原的家中出发去东京。中午时分，正是在前往目白红卍字事务所的途中。我一向不喜欢迟到，总是习惯提前到场，但那天已经快要迟到了，所以我很急。当时路上的汽车和红绿灯都还很少，我从东京站坐上出租车，车子驶入宽阔的目白大道后，开始以极快的速度行驶。原本我要在转入椿山庄的弯道处下车，结果我没能及时让司机停车，车停下时已经开出很远。我只好又请司机掉头开回来，停在马路对面。

下车的地点离人行横道很远。当时已经迟到了，我急着赶路，决定横穿目白大道。跨出几步后，路上驶来一辆巴士和另一台轿车，我看到巴士，瞬间停下脚步、犹豫了一下，但巴士和汽车看到我后也都减速了，我便横下心，继续横穿。谁知在巴士的后面还有一辆摩托车，从我的角度看不到。摩托车一见巴士减速，马上提速超过了巴士，即刻便出现在我眼前。我当场被撞飞，随后就失去了意识，醒过来时已经躺在医院里了。

据目击者说，我被撞飞后又掉在摩托车上，被拖行了几米才滚落到路边。

我被送去位于丰岛区杂司谷的东大医院分院。车祸发生在下午一点十分，我在一点半苏醒，昏迷了大约二十分钟。醒来时我躺在大病房的床上，已经打了止痛针，所以并没有感到很疼。警察前来调查情况，医生说我只是轻伤。

据警察说，摩托车主是一间小印刷店的店员，当时正在给相熟的客户送校样，时间有限，所以也在赶路。

医院非常草率地为我做了检查。就算手臂各处的擦伤无所谓，但我的右腿不能动弹，医生却说没有什么问题，既没为我照X光，也没做脑电图和心电图。

我联系了在小田原家中的妻子。妻子那时怀着第三个孩子，已经五个月了，我跟她说我只是轻伤，让她不用担心。到了晚上，多贺谷夫妇来看望我。当时我的右腿异常疼痛，而且肿得厉害，无法站立，也已经开始发烧。但医生连腿部的肿胀都不加以检查。

几天后，右腿依然没有消肿，我还是无法站起来，只得搬去单人病房继续住院。身边的人实在看不下去，向医院提出说，至少应该照X光检查。谁料虽然申请检查右腿，医院办事人员却误写成左腿，结果照了完全不疼的左腿，报告显示毫无问题。

后来误写问题终于被发现，又重新照了X光片，这才显示右腿骨关节脱位，另外腰骨还有两处骨裂。主治医生完全没有提到腰骨的骨裂，还是陪护人员看到边上的X光片，告诉了我们。于是我的腰部绑上医用束腹带，腿部打上石膏，继续住院。

就这样，车祸后的治疗被一再耽搁，我只得在医院住了两个月。这一年虽然是我的灾厄之年，但我至今无法理解的是，名重天下的东大医院为何在处理我的伤病时如此草率？院方直到最后也没有做脑电图和心电图检查，而我的头部肯定在事故中受到了影响，出院后持续头疼，留下了各种后遗症，棋士生涯也因此受到极大的威胁。回想起来，这场事故一下子缩短了我的棋士生涯，简直如同命中注定。

事故发生约两个月后，我出院了。又过了一个月，我继续参加名人战。住院期间，读卖新闻社调整了名人战的比赛日程，避免令我因缺席而造成"不战而败"。出院后我一时无法正坐，只好坐在椅子上参与对局。但对手们都不适应坐在椅子上对局，尤其像名人战这样重大的比赛，很多棋士认为坐在椅子上便无法发挥实力，所以我坐在椅子上，对方在垫高的台子上铺榻榻米，再放上坐垫，然后正坐着与我对局。

在这第一期名人战中，我最后的对手是坂田荣男九段。当时积分第一位的是藤泽秀行八段，九胜二败，接下来是我和坂田，八胜三败并列。如果藤泽秀行输了，他的积分就会等同于我和坂田之间的胜者，如此将再进行一场决战。

我和坂田都没有放弃这最后一丝希望，所以两人在最后一局都全力以赴。藤泽秀行对桥本昌二的比赛也同时在另一间旅馆进行。黄昏时分，藤泽秀行有了即将输给桥本的迹象。而当时我的白棋被坂田的黑棋制压，进入收官后展开了大苦战。但我依然没有放弃，步步紧追，终局时基本追平，加上贴的五目，最终弈成平手。按比赛规则，和棋算白棋获胜，于是我成了九胜三负，胜率上与藤泽秀行并列第一。然而名人战有项规则，和棋获胜逊于真的获胜，我因此屈居第二，第一期的名人位归属藤泽秀行。

车祸后遗症

事故后的第二年，也就是昭和三十七年（1962），第二期名人战的循环圈赛拉开帷幕。参加的棋士比第一期少了四人，共计九人。

遭遇车祸后，每天早晨我都会头痛，第二期名人战的比赛开始之后，头痛变得更加剧烈。我去多家医院做过检查，却都无法诊断出明确的病因，也没有找到很好的治疗方法。不少医生认为是血压的问题。

我去庆应医院检查时，医生认为头痛是由于两眼视力的不一致，检查结果显示左眼几乎没有视力，于是开了处方单，让我立刻去配隐形眼镜。但我的眼睛不适合戴隐形眼镜，经常戴不上。我硬是反复练习，结果引发了角膜炎。

最终我依然无法戴隐形眼镜，便去配框架眼镜。在眼镜店查视力时，却发现左眼仍有一定的视力。配好眼镜后视野的确清晰了很多，但每天早晨的头痛依然不见好转。

夏天过去时，我不仅头疼持续，而且时常出现精神错乱，发作的时候我完全不知道自己在做什么。

昭和三十七年（1962）秋天，我就在这样的状态下参加了本因坊秀哉名人逝世二十三年祭[①]。当时受人委托，做了一道死活题。

我模仿《玄玄棋经》里的死活题，做出一个五六围攻的样式。当时我的状态已经相当异常，但脑中一时恢复了正常，就在此时灵光一闪，做出了这个题。如图，死活题在五颗和六颗白棋的包围之中，在"易"的世界里，五和六是好数字，另外五乘六得三十，

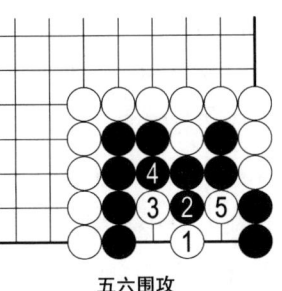

五六围攻

也暗合二十三年祭的"三"。这个死活题虽然不难，但稍有大意就很容易算错。在那样异常的精神状态里，却做出了如此难得的死活题。这道题直到现在都是我心爱的作品之一。

然而妻子和亲友们看着我日益严重的精神错乱非常痛心，决定让我住院治疗。他们让我躺在汽车里，然后出发前往东京。住院前一天，我们在位于东京晴海的多贺谷家中留宿。

在多贺谷家住了一晚，第二天早晨我走进洗手间，然后从里面锁上了门。小解结束后我准备出去，却不知该如何开锁，于是大声喊道："放我出去！"这时从洗手间外传来了指导开锁的声

[①] 日语原文为"三十三年祭"。根据秀哉名人逝世年份推断，"三十三年祭"应当是"二十三年祭"的讹误。

音,但我完全听不懂在讲些什么,只是不停地咔嗒咔嗒摇着门,之后便失去了意识。

回过神来的时候,我发现自己躺在担架上,身处暗黑的水泥房间里。当时我感觉自己好像在太平间。后来担架移动了,我被搬放到病房的床上,又被注射了一针,然后再度失去了意识。

后来我听说,当时以为是太平间的地方,其实是医院的一个临时房间,整理病房时会把病人临时安排在那里。

住院期间我基本处于意识蒙眬的状态,不知道自己在哪里,甚至不知道自己是谁。不过,我不记得自己的名字,倒是因为妻子在为我办理住院时用了假名字。当时入住的是精神疾病的专科医院,妻子不想让我被媒体打扰,于是用了假名字。出院以后,我才知道自己入住的是位于东京牛込的晴和医院。

据说我在精神失常的状态下,唯一在意的事就是棋赛。名人战循环圈赛中,对宫本直毅八段的那一场正逢我住院,结果只好算我不战而败。比赛前一天,听说我不断向妻子请求说:"你替我去参加明天的棋赛吧!"

世界红卍字会日本分部的成立仪式也在我住院期间举行。直到住院前为止,我都坚持反对分部的成立。大岛却无视坛训,甚至还未妥善建设支撑红卍字会的道院,就强行成立了日本分部。成立仪式在东京芝公园的留园举行,香港方面也有几名代表前来出席。仪式结束后,香港代表团去位于小田原的我家拜访我,妻子不能告诉他们我住在哪家医院,当时非常苦恼。

住院以后,我一直处于精神失常的状态。一个月过后的某天,我的意识突然像苏醒一般恢复了。但在我想起自己名字的同时，却发现自己躺在四周一片灰白的房间里，顿时认为这里是可怕的地方，必须马上逃走。就在我想逃出去的时候，陪护人员制止了我并说明了情况，我才知道自己住在医院里。

一旦恢复了意识，我的病情便迅速好转，几天之内，意识就完全回到了正常状态。但由于恢复太快，医生简直无法相信，所以没有马上让我出院。听妻子说，像我这样病情急剧恶化的例子十分罕见，而如此迅速恢复的更是前所未有，医生们吃惊不小。

名人战的循环圈赛在我住院期间继续进行。我恢复意识后，马上请人去家中取来棋盘，开始在病床上研究围棋。然而我对棋盘棋子莫名变得陌生了，这样的情况即使在先前的大病初愈后都从未有过。"糟了！我的围棋完了！"这个想法像电击一般瞬间在我的全身扩散。那种感觉，简直好比自己已被掌管胜负的神明抛弃。我隐隐感到自己已经过了鼎盛时期，不可能再像之前那样持续获胜了。

果然，这件事成了分界线。自此以后，我的棋对于胜负的执着和魄力渐渐变淡。之后的棋赛，不过是先前棋士生涯的余韵而已。

不久后我出院了，回归名人战循环圈赛。虽然是病后，但我也仍然尽全力下棋。这一年名人战循环圈赛中的成绩，包括没有参加而记为失败的对宫本八段的那一场，我总计收获五胜三败，与第一期一样位列第二，没有获得挑战权。积分第一位的是坂田九段，七胜一败。坂田在之后与藤泽秀行九段的挑战赛中获胜，获得第二期名人之位。

之后一年的第三期名人战循环圈赛中，我的成绩为六胜二败,再次位列第二,依然没能获得挑战权。

离开读卖棋赛

昭和四十年(1965),我已经五十岁了,而名人战也已进行到第四期。我的身体依然欠佳,每天早晨的头痛也未见好转,只能一边就医一边参赛。

然而,在这第四期的名人战中,我终于陷入了前所未有的极端不佳的状态。从第一战起就持续战败,尤其在伊豆长冈举行的第四局,我在与榊原八段的对局中头痛异常,结束后更是恶心想呕,最后无法动弹。当地医生赶来做了应急处理,但无法查出病因。之后读卖新闻社用车把我送回家,让我静养。

此后我的身体持续不佳,在第四期名人战的循环圈赛中接连失败。当时我的每一局棋都在进入终盘后突然方寸大乱,最后以七局全败而告终。这是我来日本以后首次遭遇七连败。循环圈赛结束后,我在医院做了各种检查。医生诊断说,我曾有两次心脏病发作的迹象。第四局时发生的状况也是由于心脏病发作而引起。

在这次名人战循环圈赛中积分第一的,是我唯一的弟子林海峰八段。他成了挑战者,乘势直追,击败了坂田名人,年仅二十三岁就获得了名人之位。对于循环圈赛全败、棋力衰退的我来说,能看到弟子林海峰代替自己力克群雄,展现出全盛期的预兆，也算是唯一的欣慰。

由于第四期名人战循环圈赛全败，按照比赛规则，第五期比赛时，我必须从循环圈赛前的最终预选赛开始。但读卖新闻社的编辑部主任小岛遵守了"如果吴清源落选名人战循环圈赛，读卖新闻将放弃名人战，重新以吴清源为中心来企划棋赛"的这一约定。

而我也一贯遵守与读卖新闻的君子协定：优先为读卖新闻社的棋赛出力，其他报社的棋战若无读卖新闻的应允就不参加。虽然曾受到很多报社的邀请，我也想参加他们的棋赛，但由于我的性格，一旦约定，无论自己损失多大，我都会忠实守约。

朝日新闻社当初举办职业十杰战时，跟我说这是专门为我企划的棋赛，请我务必参加。我通过多贺谷与读卖新闻社沟通，报社已经基本同意让我出席十杰战，结果有一天突然发来通知说"读卖新闻社无法让吴清源出场"，于是我只好放弃。和名人战同时举办的产经新闻"十段战"、日经新闻"王座战"等也曾热情地邀我参赛，但读卖新闻不予许可，我也只能一一谢绝。

那么，读卖新闻社将如何处理我在循环圈赛全败后的待遇问题？我们双方的谈判一度陷入僵局。对我来说，这是决定今后人生走向的重要选择，不能轻易妥协。

读卖新闻社提出了各种解决方案，但他们认为最好的方案是让我从棋界引退。报社考虑到我曾经的辉煌战绩和目前的身体状况及年龄，认为虽然有些可惜，但退出棋界应该是最好的选择，这样的话，读卖新闻社将每年向我支付一定数额的钱款，作为对我多年功绩的回馈。

我也知道自己的棋士生涯已经看到了边界，但仅凭读卖新闻社的酬金无法过上宽裕的生活，更何况我作为棋士从十几岁一路走到现在，如此轻易引退，心里实在难以接受。于是我回绝了引退的提议。

最后，读卖新闻社和我解除了合作关系。取而代之的是，读卖新闻社每年将向我支付数额很小的退休金。我就这样告别了读卖新闻社围棋专栏的棋赛，那时我从战前到战后，已经持续参加了二十五年。

与日本棋院的纠纷

脱离读卖新闻社后，由于此前其他报社都曾热情地邀我参赛，所以我一向认为，只要参加名人战以外的棋赛，就能马上从循环圈赛阶段开始。

于是，我趁着出席林海峰的名人就位仪式和 NHK 的快棋对局等场合，向棋界人士传达讯息，表示自己可以参加读卖新闻的棋赛以外的任何棋战。

不料，大家都只给我含糊的回答，没有一个人当场邀请我参赛。

名人战遭遇全败后，主办十段战的新闻社曾立刻邀请我参加十段战的循环圈赛，但我和读卖新闻交涉了两年才得以终结合作。此后我马上向十段赛等提出参赛，对方却让我先去和日本棋院商议。战后的新闻棋其实由报社和棋院共同举办，但我对此一无所知，不明白为何棋赛与棋院有关。何况当时我一直以为自己是日本棋院的棋士。

退出读卖新闻社的棋战后，我最先得以出场的是王座战。当时我直接拜访了主办方日经新闻社的大轩顺三社长，表示自己愿意参赛。大轩先生对此非常高兴，也因为我的参加，他提高了比赛的对局酬金和奖金。

第二年是昭和四十三年（1968），我还参加了职业十杰战。

我接着打算参加本因坊战，便致电日本棋院外事部副部长，提出了申请。结果毫无回音。我于是催促理事会尽早做决定。过了一阵，我接到棋院的答复说："理事会讨论后认为，鉴于你并不属于日本棋院，请你作为外来参赛人员重新申请。"

直到这个时候，我才首次得知自己已经被日本棋院除籍。不论战前战后，我都以自己的方式为日本棋院尽力，所以在得知除籍一事后大为震惊。我马上询问自己是何时、因何而必须被除籍的。

棋院的外事部长回答说："你在战后只与读卖新闻社缔结专属合约，不愿隶属于日本棋院，这是众所周知的事实。也正因为你不属于棋院，所以昭和二十三年（1948）才决定授予你名誉客座成员的头衔。"他进一步说，"如果隶属日本棋院，就有义务在八段时出席升段赛，也必须参加读卖新闻以外其他报社的棋战。另外，和报社缔结契约必须通过棋院才行。而以上的任何一项你都没有尽到义务吧？"

然而，站在我的立场上，其实从来没有任何人告知我战后日本棋院的这些规则，名誉客座成员这个头衔也是在我不明原委的情况下突然获得的。我在战后辗转玺宇馆舍、箱根、小田原等地，远离东京，与其他棋士交流甚少，对日本棋院的情况也并不了解。而且每次参赛都是全权委托经纪人多贺谷办理，我自己完全不清楚合约是怎么一回事。不过，最令人费解的是，如果日本棋院将我除籍，那么无论如何都该将这一决定及其理由通知本人吧？只要告诉了我，当时一定能有很多解决办法。我于是就这一点提出质问，而外事部长却突然开始含糊其辞。

我实在难以接受这一事实，便拜托木谷实，请他帮忙调查战后到底发生了什么。结果发现在昭和二十二年（1947）八月，有一份伪造的我本人的辞呈提交给日本棋院。

得知此事后，我和日本棋院的关系完全闹僵了。棋院方面坚持说，辞呈是由我的恩师濑越先生提交，也就等于是我本人提交，如果想回归棋院，必须针对自己辞退一事道歉。我则认为需要道歉的是日本棋院，让我去道歉简直岂有此理。我的理由是，我并没有脱离过日本棋院，也没有收到过除籍的通知，所以我"脱离日本棋院"这一事实并不成立。我既然依旧是日本棋院的棋士，也就不存在"回归"的问题。

当时有不少人努力在我和棋院之间调解，想设法圆满解决这一问题。尤其是清峰会的负责人前田隆治，直到去世前，他都热心地斡旋其间。

前田说，只要我承认曾向棋院提交辞呈，问题就能圆满解决。但我在这一点上断然不会让步。就算辞呈是由恩师提交，那也一样非我所为。如果承认辞呈是自己写的，就会在我这个国际人的履历上留下污点。而在我的历史上留下污点，也就等于损伤了中国大陆和台湾十亿人的名誉。我的人生背负着使命，不能辜负祖国人民的期待。

而我自己也知道,只要承认是自愿脱离,就能重新回归日本棋院,将对我大有益处。但也正因如此,我才更不能出于一己之私利而承认脱离棋院。

不过,日本棋院近年来以我的引退纪念会为契机,表示想改善与我之间的关系。对此我也感到欣慰。

美国之旅

昭和四十六年(1971),我和妻子两人周游了美国各地。此行的目的是巡访日本棋院在美国各地的分部,为日本棋院的场馆建设募集资金。各分部事先都已接到棋院的通知,所以我们只要按照计划巡访即可。此外,这些分部召集了会员,请我与他们进行多面打。按照棋院惯例,我可以提取募集所得资金的两成作为旅行经费,但我和妻子想把这次出行当成一次悠闲的旅行,所以完全自费,没有拿棋院的报酬。这是我第一次去日本和中国之外的国家旅行,也是第一次和妻子两人长途旅行。

我们从夏威夷入境,依次去了洛杉矶、纽约、旧金山。每到一处都受到当地分部成员的热烈欢迎,在各分部进行多面打时也盛况非凡,参加者都非常高兴。我在教棋的时候,妻子就由分部成员带着四处观光。

在纽约时，华侨宋先生带领我们参观了联合国总部。当时正是中美恢复建交后不久，驻美的中国大使将在联合国总部进行首次演讲，这在当时成了热门话题。宋先生虽来自台湾地区，但他说到驻美中国大使演讲的事，一样显得非常自豪。看着他自豪的神情，我心想，即使台湾和大陆在政治上是对立关系，但终究是同胞，一定能够友好相处。

我们在洛杉矶住的旅馆非常古老，看起来像是一个世纪以前的建筑。房子简洁而坚固，但电梯门必须用手开合，相当重，而且电梯升降速度很慢。这间旅馆不设餐厅，我们都去街上的餐馆就餐。早餐总是去同一家餐馆，很多工人也来这里吃早餐，气氛虽然粗野，却充满活力。我一边望着工人们进进出出，一边悠闲地吃早餐，一杯接一杯地喝咖啡。那家餐馆的咖啡可以免费续杯。从那时起，我就喜欢上了喝咖啡，回日本后也经常喝。

在洛杉矶时，我们还被带去游览好莱坞和迪士尼，接触了美国社会的方方面面，感觉非常新鲜。

旅行虽然不到一个月，但这段和妻子的首次美国之旅十分悠闲快乐，令我至今非常怀念。

母亲离世和入籍日本

昭和四十年（1965），林海峰就任名人之位，随后衣锦还乡。作为对我培养了林海峰的感谢，我这个老师也受到台湾方面的邀请，同行前往台湾。借此机会，我和妻子也将母亲送回台湾的兄长那里。

时隔十三年，我重访台湾棋院，那里的机构已比先前完备很多，围棋也兴盛了起来。林海峰和我像上次访台（1953）时一样，受到了热烈的欢迎，也获得了与蒋介石交谈的机会。

访台后的第二年，我们考虑到孩子们的将来，决定离开住了十年的小田原，搬去东京，住进了位于新宿区四谷的楼房。这时我五十二岁，正是落选名人战循环圈赛，苦恼于和读卖新闻社交涉，谋求改善合作关系的时期。

母亲回到台湾后，曾几度来信告知近况，而每封信里都会有这样的内容："我的墓地和棺材都已备好，你不必担心。我走了以后，你也不用勉强赶来参加葬礼。你一定要好好照顾家人，自己也要保重身体。"母亲知道我身处日本、中国大陆和中国台湾的复杂关系之中，非常理解这种微妙的立场，所以很体谅我。

此后，我离开了读卖新闻的棋战，但没能修复与日本棋院的关系。我就在这样的情况下参加了王座战、职业十杰战、十段战等棋赛的循环圈赛。然而身体持续欠佳，因健康原因多次被医生禁赛，终于渐渐远离了比赛。

昭和五十三年（1978），孩子们都长大了，我的中国国籍对他们的就业和结婚造成了影响。我便和时任法务大臣的政治家稻叶修商量，请他为我办理再次加入日本国籍的手续。稻叶先生说，加入日本国籍应该不是难事。

但是，由于诸多国际上的问题，此事其实并没有那么简单。

正当我申请加入日本国籍时，五十三年（1978）十二月二十四日,大哥吴浣打来电话告诉我,母亲寿终正寝,享年九十岁。我虽早有心理准备,但在众兄弟姐妹中,我和母亲的感情最深,她的离世仍然让我悲痛异常。早在几年前,母亲就几度来信让我不必担心她的后事,我当时也的确无法出行,所以没有出席葬礼,只在日本为她祈祷冥福。

葬礼在母亲去世约一个月后的昭和五十四年(1979)一月末举行。

母亲的葬礼并不奢华,但非常庄严,与度过这动荡的百年而始终堂正昂然、坚韧不拔的母亲十分相称。

大哥夫妇在母亲安葬后不久便离开台湾、前往美国。战后的三十年间,大哥为了台湾围棋界的发展,全力普及围棋,成为棋院顾问后依然不收报酬,继续从事推广普及工作,但由于诸多问题,终于还是决心移居美国,和孩子们生活在一起。

大哥夫妇到美国后先住在长子夫妇家,不久就拿到了美国国籍。大哥的长子曾作为工程师供职于美国航天局,但在航天局规模缩小之后离职了。之后他转学农业并获得博士学位,现在作为农学博士而活跃于业界。

大哥的次子曾作为台湾的公费留学生前往美国留学,现在举家在洛杉矶生活。大哥的三儿子在纽约从事设计师工作。如此,大哥全家老少都在美国定居了。大哥现在虽然归隐美国,但听说他会从日本邮购围棋杂志,每当对着棋盘摆上棋子,他就会感到无上的快乐。

二哥吴炎在战后献身于中华人民共和国的建国事业,长期在南开大学执教。"文化大革命"中,他被红卫兵戴上高帽子批斗,但现在已经恢复教职，在医学科学院教英语。

昭和五十五（1980）年，二哥吴炎来访日本，在我家住了三周。这是自我们昭和十一年（1936）分别之后，时隔四十四年的重逢。两人回想起年少时光，非常开心，又想到彼此都熬过了艰难的岁月，如今已然白发苍苍，于是唏嘘不已。

三位妹妹们也全都健在。大妹很健康，全家生活在上海。其余的两位妹妹都住在台湾。二妹当年在日本时考取了草月流的插花教师证书，现在在台湾有一间插花教室。小妹在台湾为来台的日本游客做翻译。

昭和五十四年（1979），我拿到了许可，终于再次加入日本国籍。三个孩子全都长大成人，长子走上了音乐的道路，其余两个孩子也在社会上独立。

然而我总是会想，如果分散在日本、中国大陆和台湾、美国的我们全家能够有机会欢聚一堂，那该是多么美好！

第八章

以文会友

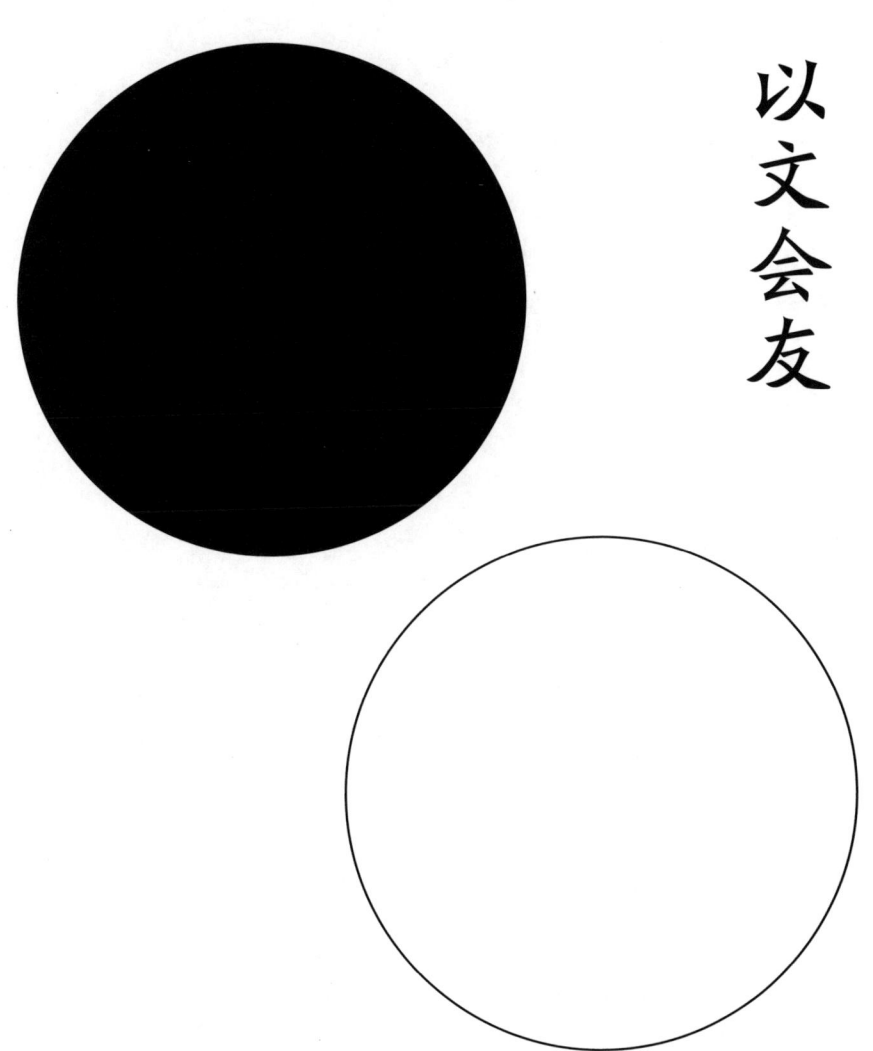

中日围棋交流

众所周知，围棋的发祥地是中国。在中国的远古时代，尧帝跟随仙人学习围棋，并将其传给儿子丹朱，这便是围棋的起源。不过，围棋在起源伊始并非用于争夺胜负，而是用来观测天文。在文字尚未形成的时代，棋盘和棋子是观测天体运行、占卜阴阳的工具。在此之后，围棋演变成争夺胜负的竞技。虽然无法确切得知这一变化发生的时间，但围棋作为竞技已有数千年的历史。

在中国漫长的历史中，围棋曾几度格外繁荣。目前已知的最古老的死活题作品集《玄玄棋经》，成书于距今约六百多年前的元朝。在距今较近的清朝乾隆年间，也出现过围棋的兴盛时期。乾隆一朝国力充足、文化繁荣，当时活跃着如黄月天、施定庵等著名棋士，棋谱也留存至今。不过，当时的中国围棋，下棋时习惯先在棋盘四个角的对角线上各置黑白二子，然后才开始对局。这大概是为了防止模仿棋。另外好像还有个叫"还棋头"的规定，将对方的棋切断成两块即可获得两目。提取中腹的棋子更有机会切断对方的棋，所以当时的很多棋都非常激烈。

由于事先已在四个角的星位放上了棋子，所以布局上的构思相对较少，而中盘的战斗力却非常强。翻阅棋谱可知，当时的战斗力即使和现在的日本职业棋士相比，也是有过之而无不及。

清朝在乾隆盛世之后步入了衰退期，与此同时，世界列强也开始侵略中国。在这国破家亡的苦难年代里，围棋也显出颓势。我出生的时候，正逢中国围棋最为衰弱的时代。如今中国的国家建设飞速发展，围棋也一同复兴，正在努力追赶围棋先进国日本。

放眼当今的中国围棋界，以陈祖德为先驱，聂卫平、吴淞笙、马晓春、曹大元、刘小光等有前途的棋士人才辈出。他们也积极地和日本棋士交流，在与日本年轻的中坚职业棋士交手时已能平分秋色，棋力急速向日本靠拢。

然而，不知是不是受清朝以来的传统的影响，当今的中国棋士在中盘的战斗力很强，但从布局到中盘为止的战略研究却比较落后。公平地说，中国现在的棋力和日本一流棋士相比，即使贴三目也可能不及。这是职业棋士们一致的看法，中国方面也承认这一点。而我认为，想要在贴三目的差距上取得进步，并不是容易的事。

中国现在已经在围棋上投入了财力，但是围棋组织才刚刚成立。北京、上海、四川三地虽已建成棋院，但距离让普通民众在日常生活中接触围棋的目标，依然长路漫漫。比起有一千万围棋爱好者的日本，更是无法望其项背。中国在国家建设层面还留有许多课题，所以拨给围棋的经费也并不多。另外，在棋谱的研究方面，中国目前几乎都以日本的围棋书和报纸为中心。在这样的情况下，很难有机会能让年轻有为的棋士们在高水准的实战中磨炼棋力、不断进步。中日围棋交流虽然是非常珍贵的机会，但仅凭一年一度的围棋交流，实在是很难填补贴三目的差距，也很耗时间。

所以我认为，中国围棋要想尽早赶上日本，最好的方法是派遣有才能的年轻棋士来日本留学，不断和日本的一流棋士对局，以此增长实力。这是我一贯的主张，中国方面也曾认真考虑过棋士的留学问题。

我听说中国方面有意送棋士来日本留学后，很想出力助其实现。但日本棋院只认定聂卫平和吴淞笙为五段，其他棋士都是二段、三段。中国方面认为日本对段位的认定太低，因此不满。

三年前，二哥吴炎来日本时，我带他去日本棋院，向他说明，按照棋院的规定，即使是五段以下，也可以通过不断赢棋来晋级，获得与一流棋士对局的机会。二哥也认同了。于是接下来的问题是，由谁来承担留学费用？留学的棋士们住在哪里？

中国方面尤其关心棋士们在日本留学时的教育问题，担心他们沾染日本的不良风气。因此我心想，就让留学生隶属于日本棋院，但是住到我家，自己做饭，在我家和棋院之间往返。中国人擅长烹饪，自己做饭不是难事，我在小田原的家可以宽松地住下五六人。而且我没有恶习，住在我家，也就不用担心教育问题。

关于费用，为了和读卖新闻社洽谈，我直接登门拜访了副社长原四郎。据读卖新闻社说，以中日围棋交流的名义邀请中国棋士来日本时，旅馆住宿、随行人员、交通、欢迎会等各项费用合计约三千万日元。而如果让五位棋士住到我家，据读卖围棋版的委派记者计算，假使在棋院的比赛中的成绩是胜负各半，两年间的费用也比前者要便宜很多。我于是以两年的留学费用为由，请求原四郎副社长援助一千五百万日元。

原先生听了我的话也很感兴趣，当下约定将努力实现此事。

我便和二哥联系，告诉他日本方面已经基本谈拢。二哥马上通过中国围棋界的负责人，得到了国家体育局高层的许可。担任"留园"董事长的盛先生也将此事告知驻日中国大使。

我本以为事情至此已经大功告成，不料这种喜悦却瞬间化为泡影。十一月后，读卖新闻社寄来了回绝中日间棋士交流的文书。理由是"有诸多问题"，加之小田原太远，生活上不方便监督管理。

"有诸多问题"指的是有关日本棋院与中国围棋协会的合约文件。我本来以为，留学的棋士们住到位于小田原的我家，由我来监管，这样既能让他们认真学习，又能避免沾染恶习。这样好的事居然没能实现，我感到非常可惜。

战后与梅兰芳重逢以后，我和中国的围棋界始终保持着联系。陈祖德和聂卫平曾来看过我，我也向中国寄去了围棋书，一直很想为中国围棋界的发展出力。不过，在中国棋士的留学交涉破裂之后，我便不再参与中日围棋交流事宜，中国棋士来日本时，也不再出席欢迎会。

围棋的国际化与规则问题

岁月如梭，距离日本战败已经过去了近四十年。在此期间，伴随着日本经济日新月异的发展，围棋的人气也日益上升，迎来了繁荣的局面。而在围棋普及的同时，职业棋士的对局酬金和棋赛的奖金也随之上涨。凭借举国人气的支撑，棋士的生活更加安定，社会地位也相应提高。现在甚至有人辞去一流银行的职位来做职业棋士。在我刚来日本时，能靠对局酬金来生活的棋士寥寥无几。对比今日棋界的繁荣，简直有恍若隔世之感。

随着围棋爱好者的广泛增加，布局和定式的研究也日益进步。业余棋士自不必说，甚至连职业棋士的棋力也因此提升不少。日本围棋界能达到今日的辉煌，实在是可喜可贺。

不过，依我这个国际人来看，日本围棋虽已十分昌盛，但日本围棋界如果因此自满自足，却是不可取的。从国际视角来看，围棋即使在日本非常繁荣，也还远远不够。我希望围棋这项思想高深而趣味无穷的竞技可以普及到全世界，让各国人民喜爱，并且通过围棋来促进国际交流。以围棋作为媒介，促进国际的友好往来，为国际和平做出贡献，这是非常有意义的事。但愿日本的围棋界人士也能朝着这个目标努力。

然而，国际围棋普及的现状并不能令人满意。虽然较之从前已经取得了显著的进步，但比起高尔夫、芭蕾、柔道等文体活动，围棋的普及速度未免太过缓慢。如此深奥而有趣的竞技，普及速度居然这般缓慢，可见方法上是有欠缺的。

我认为，针对围棋的国际性普及，若能做到如下两点，普及速度一定能显著提高。

其一，把重点放在对女性的普及上。如果女性能下围棋，则不仅能够教给同伴，更能教给丈夫和孩子。尤其是在女性地位较高的西欧，从女性开始普及围棋是最快的方法。教一位女士下围棋，等于获得了五名以上的爱好者。因此，我希望女子棋士更多地前往海外，在女性中普及围棋。

其二，改善围棋规则，使其更为简单合理，让任何人都能明白。

修改围棋规则，是三十年来我期盼最为强烈的事情之一。日本棋院的围棋规则制定于昭和二十四年（1949），缺陷很多，如今也难以在国际上通行。日本棋院有义务制定更为合理的规则，并向围棋爱好者们推广。现在世界围棋锦标赛已经举办，规则虽做了一点修改，但除却相关人士，大部分爱好者其实并不知情。

日本棋院目前的围棋规则只是既定事实的集大成，并没有建立在对围棋这项竞技的根本性思考上，因此才会引发包括万年劫和缓一手劫在内的各种问题。对于这些问题，日本棋院不过是使用前人的判例，外加一些简单的细则而已。最显著的例子，就是对我和高川的三番棋中缓一手劫的判定。劫材多的一方原本有利，但棋院却无视这种具体情况，按规则强行要求补棋，结果令我亏了半目而输掉此局。

当时，日本棋院承诺再次讨论规则，将其修改得更为合理。这一承诺甚至登报发布，然而迄今为止都并未履行。对于缓一手劫，到现在也尚未说明为何必须补棋。

前文也曾叙述过，就围棋规则而言，我认为目前来看，中国的规则最为合理。以中国规则为基础，我提倡的规则简单明快，只需以下四点就是全部。

一、死活的定义。全部被围住的棋子是死棋，应该从棋盘上拿走。剩下的棋子是活棋。

二、对方提劫后，不能接着提回同一个劫。

三、子空皆地。

四、棋子和空地合计更多的一方获胜。

其中，"子空皆地"这一点是中国规则的根本。空地本身就是对方棋子无法侵入的地盘，不过是省略不放自己的棋子，而自己落子的地方，也本来就是自己的地盘。只要遵循这一规则，那么缓一手劫等由于日本规则而生的补棋问题都可以迎刃而解。在自己的地盘里落子也不会带来任何损失，比较复杂的地方只要依据棋力落子即可。

另外，如果遵循了上面的规则，那么"盘角曲四""不提三目"等复杂的细则也尽可去除，一切都可以在实战中解决。还有比如"长生"棋形，虽然在理论上可能产生，但其实下一百万局也难以出现一次，毫无必要定为成文条款。如果出现，那简直是值得庆贺的事，应该判为不分胜负，煮红豆饭①加以庆祝。"长生"棋形出现的概率，大概比麻将中连续出现三次"天和"还要罕见。

接下来，中国规则在终局后计算胜负时，只需要数出黑白任何一方空与子的合计即可。重新排列空与子后，合计超过盘面半数以上，也就是181以上，便是赢棋。吃掉的子自然也不必重新放入对手地盘。

中国规则在实战中与日本规则基本一致，即使现在采用，也

---

① 日本传统食物，以红豆和糯米一同煮制而成。往往在遇到喜庆的事时制作。

不会在围棋爱好者间引起混乱。其实，日本棋士来中国时，就是按照中国规则来对局。而我听说，美国等国家的围棋规则也与中国规则近似。

为何日本棋院至今依然坚持使用有缺陷的规则？这令我实在无法理解。如果说中国规则是在中国产生，所以围棋先进国日本不能采用，那真是目光短浅。认为围棋的中心必须永远是日本棋院的想法有百害而无一利。要想真正对国际友好做出贡献，就必须舍弃日本、中国这种狭隘的国别观念，站在国际视角来选出对大家来说最好的方法。自大而无聊的权威主义必须摒弃。

最近，随着经济的飞速发展，日本在世界范围内日益活跃。而与此同时，蔑视经济落后的国家、认为日本最为优秀等日本中心主义的思想也有死灰复燃之势。我衷心希望日本围棋界不被这种思想毒害，能以宽广的胸怀和国际性视野，推动围棋普及的大业。

关于定式

很多人认为我创造了不少新定式，对围棋发展做出了贡献，因此给予我很高的评价。我对此很感谢。不过我个人认为，其实角上的定式等同于不存在。此话的依据是，一流棋士几乎从不按照书本上的定式来下棋。

事实上，角上的定式不可能独立存在，而是在很大程度上被布局和征子左右的。根据棋子的配置，往往也会出现很多一般看来似乎并不成立的手段。说到底，"定式"这个词语本身欠佳。用"定式"来表达，总让人囿于字面，误以为是固定不变的。其实"定式"是一种大致的标准，在教围棋初学者时比较方便，结果却被过度固定化。因此，必须避免盲从，注意不要被像烙印般永远不变的"定式"束缚了思考。何况比起角上的定式，中盘的手筋和终盘的收官里倒有更多应该被称做定式的部分。

我能创出许多新定式、新下法，也是因为我自己从未在意过先前的定式。新布局时代之前，"一占空角、二守角或挂角、三拆边"的顺序被认为是绝对的，定式也因此非常固定。战前棋士的师徒关系极为严格，门内的年轻棋士想下出新手需要极大的勇气。除非那是非常优秀的一手，否则就会被呵斥说："凭你的身份根本就不能下新手！"在这种环境里，新定式当然难以出现。

我并未置身于棋界大权威的门下，因此可以不受既定观念束缚，更加自由地思考。我们一门也没有研究会，只要我的成绩不下降，无论下出什么棋，濑越老师都不会干涉我。虽然从反面来看，我因此不得不独自一人钻研，容易陷入自以为是，但这种环境的确能让我充分地自由思考，可以说非常幸运。

关于新布局，在脱离传统想法的束缚这一点上，我和木谷是一致的，但我们思考的原点并不相同。木谷更重视中腹无法计算的势力，而我则想用一手就解决角，将守角省略，尽早在边上展开。新布局的明星——黑棋"三连星"，便是基于我打出的二连星。刚来日本时，棋界遵循本因坊秀策以来的传统，黑棋第一手局限于小目，而秀荣的白棋却会下在星位。我的黑棋二连星创想，即是出于"白棋落星位能成立，则黑棋无理由不成立"的想法。同样的，在和秀哉名人对局时下出三三、星、天元，也并非为了挑战坊门权威，只是因为我自己觉得这种下法可行。

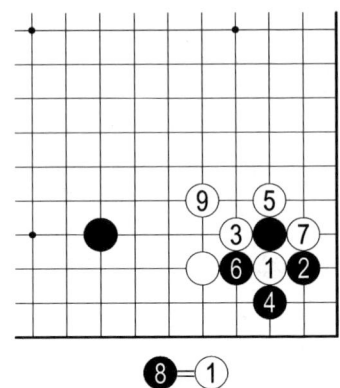

　　不过，遇到难解的定式时，纵然是职业棋士也容易被传统定式束缚。我初次在大雪崩定式里下出内拐时，在别的房间里探讨的棋士们纷纷说"吴清源记错定式了！"顿时骚乱起来。另外，比如如图所示的白1托角定式，黑4打拔角上一子，一百年来被认为黑棋绝对不利，谁都不下。而我敢下，就是因为实在不理解黑棋为何不好。现在大家反而认为这是白棋不好，几乎无人再下，但得出白棋不好这一结论，足足花了十年。我自己下出新手时，并不会花那么多时间反复研究，往往是在对局之中偶然想到的。

　　现如今，在几百种基本定式之上，再加上以此为基础而变化出的定式，总计有超过一千种定式。如此数量庞大的定式，连职业棋士都不可能全部记住，一般爱好者若硬是去记，不仅会兴趣索然，而且毫无意义。我自己记住的定式其实并不多，而且我认为这一千种定式中混杂着不少无法被称为定式的东西。一般的爱好者至多记住五六十种基本定式就已足够，之后只需视自身棋力，在能完全理解的范围内尽力下棋即可。

追忆木谷实

来到日本后,在我漫长的棋士生涯中,缘分最深也最照顾我的棋士,就是濑越老师、桥本宇太郎九段、木谷实九段这三位。我能遇到这三位杰出的前辈,是莫大的幸运和幸福。

濑越老师出生于广岛县能美岛的世家,从小聪颖异常。他毕业于旧制中学①,这在战前的棋士中十分罕见。中学毕业后,濑越老师听从同乡望月圭介先生的劝说而走上围棋之路。老师一贯以开阔的眼界为棋界的将来着想,并在围棋的普及上格外倾注心力。其见识与才学皆相当出色,因此甚至有传言说,这样的人物居然去下围棋,真是可惜。

我能来日本,当然是得益于濑越老师的盛情邀请。在当时艰难的国际形势下,濑越老师说服犬养木堂、望月圭介、大仓喜七郎等政要名流,耗时两年才得以让我东渡,其间的努力非同一般,亦可窥见老师为了围棋的发展是何等尽力。如果没有濑越老师,我或许不会成为棋士,而是投身信仰,成为宗教家。老师的人格在棋界也堪称典范,他谨守本分,一贯拥立秀哉名人而置身其后。

成为濑越老师的弟子后,老师对我的生活起居颇多关照,但

---

① 存在于明治时期,到二战后学制改革为止,相当于现在的初中加高中。

只要我认真下棋，就绝不干涉我的私人生活。昭和十年（1935）我独自前往天津时，濑越老师想必因为我的莽撞而很不愉快，但他却完全没有训斥我。能遇到在各方面都尽量照顾弟子却从不加以束缚的老师，实在是我的荣幸。濑越老师身为师长，也是一流的人物。

桥本宇太郎与我同属濑越老师门下，是我的师兄。刚来日本时，他非常照顾我。桥本才华横溢又极富实践能力，有很强的信念，而他在围棋上的才能也是一流中的一流。我们钦佩他的才能，称他为"昭和的秀甫"。秀甫指的是创办方圆社的本因坊村濑秀甫，他将明治时期失去幕府庇护而陷入谷底的围棋界重新振兴，奠定了今日棋界繁荣的基础。秀甫的围棋既已十分杰出，又是一流的实业家。桥本若能在横溢的棋才之上再加些对胜负的顽强执着，一定可以创出经久不衰的"桥本世代"。

无论如何，如今桥本已过七十五岁，却依然活跃在围棋第一线，并引领着关西棋院，其旺盛的精力实在令人叹服。

木谷实则是只专注于围棋一道而度过一生的人。他对世俗事务相当木讷，这点与我很像，或许也正因如此，我们非常合得来。我把木谷当作兄长，和他的关系也最好。

我刚来日本时，正是木谷被称为"怪童丸"，在年轻棋士中所向披靡的时代。来日本后的两三年里，我即使执黑也常常赢不了木谷，所以那时一直把他作为目标，为了追上他而发奋努力。

和木谷实开始亲密往来，是在他邀我去西园寺公毅先生家之后，而我们也因此在信仰上结缘。所以对我来说，与其说木谷是竞争对手，不如说我更多地将他视为兄长，因此格外有亲切感。

往来于西园寺先生家时，也正是我和木谷开始尝试新布局的时候。我们经常在先生家一起研究新布局的棋谱。那时两人都很年轻，木谷正值新婚宴尔，这是我们在信仰和棋艺这两条道路上来往最亲密的时期。

我年轻的时候，和木谷的对局次数最多。中午打挂休息时，木谷常常去打桌球。我虽然每次都只在一旁观看，但木谷会以前田陈尔等人为对手而展开热战。不过，木谷打一杆球往往要花四五分钟。来回瞄准了七八次之后，以为他要击球了，结果他停下来，把要滑落的眼镜推回去，接着继续瞄准，然后又中断。如此循环往复，合计瞄准三四十次才打出一杆球，往往让对手等得相当不耐烦。

打麻将也是一样。木谷一手一手仔细思考，怎么都不出牌。其他人几乎要被木谷的长考逼疯了。然而这其余三人往往是木谷的师弟或者后辈，只好耐着性子陪他。总之，木谷在常人可能马虎的地方也不会草率置之，不彻底想通就会和下棋一样持续长考。

木谷在棋士中也是极其有名的长考家。不管比赛用时多久，都会在序盘几乎用尽，中盘以后为时间所迫，常常被读秒计时。而他即便和业余爱好者下让九子的指导棋，也会耗时半天以上。木谷出自铃木为次郎先生门下，铃木一门从师父开始，全部都是长考家。铃木先生的长考也很出名，门下的木谷实、关山利一、关山的弟子梶原武雄，所有人都对世事木讷，只专注于围棋，且都是长考家。

我曾经觉得，像木谷这样思考太久没有好处，于是问他为何要长考。木谷回答说，一开始他会凭直觉在脑海中浮现四五手，然后从感觉最不能成立的一手开始依次计算，这样的话就不会漏算，错误也少。

但是，我认为除了中盘的战斗和收官以外，其余部分不管怎么计算都不可能完全算尽。何况如果对方打出了超出自己计算范围的一手，那么所有计算都要归零重来。我自己会在浮现于脑海的几手里面挑出最能成立的一手开始计算，如果这一手不行，那只好再挑另一手计算。我从一开始就认为不可能全部算完，所以放弃了长考。不过，习惯重复长考的棋士大多计算力强、算着清楚，即使为读秒所迫，也能保持自信而不出差错。在这类棋士中，木谷实的计算能力尤为精深。

只不过，对于计算能力的自信有时也会导致顾此失彼，比如沉溺于计算而失掉了大局观。但即使知道在序盘长考过多反会受损，却也无法轻易地改变习惯。这是棋士们比较特殊的一点。每个人都有自己的性格，对自己的固有性格不够执着的话，作为棋士很难在胜负的世界里生存下去。

另外，木谷的棋风几度出现极端变化，这也非常有名。我刚来日本时，他的棋风喜欢实地、异常坚实。然而进入新布局时代，忽然变成落子高位而注重势力。之后从与秀哉名人的引退棋开始，他又回到了喜欢实地的棋风。而在和我进行镰仓十番棋时，他再度转变为极度低位的棋。我的棋风虽然也有变化，但较之木谷，实在是小巫见大巫。

木谷实棋风的变化与胜负无关，完全来自于他对棋艺的求道精神。如此三番五次地变化，但却始终保持一流棋士的水准，若是缺乏对棋艺的纯粹追求和强悍的实力，则绝无可能做到。由此可见木谷对围棋一道的殚精竭虑，以及他对任何事都不做彻底便不罢休的纯粹精神。

我与木谷在战前往来频繁，战后却一时音讯断绝。那段时期，他从大矶搬到了平冢。在战争结束后的粮食困难时期，木谷已然开始辗转全国各地寻访有围棋天赋的孩子，把他们收为入室弟子，带回家培养。于是如众所周知的那样，木谷培养出了诸多一流棋士。他在平冢饲养山羊，将几百坪的院子全部开辟为农田来耕种粮食。如此养育成人的木谷门生总计有六十人之多，最多的时候同时养了二十六个孩子。这是旁人无法仿效的，木谷当然很了不起，木谷夫人也真是了不起。

当今的围棋界，木谷一门已是桃李满天下。木谷能无偿培养入室弟子并由衷感到喜悦，以至于将此做成事业，也是他纯粹而执着的人格使然。

昭和三十一年（1956）时，我也一度前往平冢的木谷家，并留宿了一晚。当时木谷的入室弟子大竹英雄留着光头坐在末席，一脸的顽皮相。这一幕令我至今记忆犹新。

我搬到东京时，木谷已在东京的四谷开设了木谷道场，我们由此重新开始了亲密的往来。当时我曾让小学二年级的女儿佳澄去木谷道场学棋。她拜入木谷礼子①门下，加藤正夫等青年才

---

① 木谷实的女儿。

俊也常常帮着教她。佳澄从让二十一子开始，半年后进步到了让十六子，虽然天分不错，但她不擅长拼杀，所以并不适合争胜负。不到一年，女儿自己放弃了。而我自己已经充分体会了棋士的艰辛，从一开始就没想让儿子走相同的道路。木谷的儿女中，除了礼子，其余也都走上了无缘于围棋的道路，围棋似乎也都并不强。

木谷变得体弱多病后，我为了探望他，便经常去道场。虽然未曾在道场陪木谷的弟子们下过指导棋，却常和大竹君及加藤君等一起外出散步。

当时木谷已经被医生禁止下棋。可他本人毕生只专注于围棋，因此百无聊赖，实在想下棋。有时木谷吵着要下棋，礼子为此也很烦恼。有一次，木谷为了不让家人发现，独自拄着拐杖一级级爬上位于四楼的我家。到我家后，木谷一开口便认真地说："我之后会出席所有的比赛，你也一起参加吧。"我吃了一惊，劝他说："老师①，这不行啊，实在想出场也要看身体情况，从电视的快棋开始，一点点慢慢来。"

但木谷的情况不见好转，最后突发脑溢血病倒了。木谷病倒时我正好在场，成了第一个发现的人，也算是特殊的因缘。那天我中午便去了木谷道场，当时木谷正巡回查看弟子们打挂的棋。午休快结束时，木谷和我坐在会客室的沙发上休息，他一直不讲话，我觉得不对劲，看他时发现他嘴角流涎，于是急忙对一旁的弟子喊："老师的样子不对劲！"

---

① 这是吴清源站在木谷实学生的角度称呼木谷。

此后，木谷便持续卧床静养。当时木谷道场的门前开始建高楼，每天都是咚咚咚的声音。而随着大楼的建起，道场被完全遮住，照不到太阳，生活非常不便。木谷夫人来找我商量维护日照权的事，我劝她说："现在施工依然很吵，不利于先生的疗养。争夺日照权很麻烦，不如把道场卖给那栋楼的楼主吧。"木谷夫人于是下定决心变卖房产，解散了培养出众多精英的木谷道场。夫妻二人之后搬回了平冢。

回到平冢后，木谷的病情依然不见好转，只好住进了医院。七月的某一天，林海峰打来电话说："木谷病情急剧恶化。"我于是赶去他所在的茅崎医院，当时虽已禁止探视，但院方破例让我进去了。木谷手里握着折扇①，却已经无法说话了。我坐在他枕边，大声跟他说了很多话，他都没有反应。然而，当我说到"光一本来是力战型，现在赢棋越来越快了"时，木谷轻轻地摇了摇扇子，似乎是在回应我的话。夫人告诉我，那是表示"我知道了"的意思。光一即是小林光一九段，他拜在木谷门下做入室弟子，后来与木谷礼子喜结连理。

我的探望成了转折，在那之后，木谷奇迹般地开始好转，半个月后就出院了。

然而仅过了几个月，木谷实溘然长逝。

在那段时期里，多贺谷、木谷、濑越老师等对我关照有加的人相继辞世，我的身边也越发寂寞。我自己会尽量保重上天赐予的身体，注意养生，此外则顺其自然，遵从天命。

---

① 日本棋士在对局时往往会手执折扇。

文武两道

　　社会生活中所涉及的万千事务，大致可分为文、武两条道路。这两者在人类社会的构成上缺一不可。

　　武道能够锻炼身体和精神，磨炼人格，所以必不可少。文化则可以维系和平，使人过上丰富的精神生活，同样不能欠缺。最近文、武两道的界线逐渐模糊，体育也被当作一种文化活动，但因其注重胜负，原本隶属于武道的领域。在这层意义上，围棋、将棋也应该归为武道。前人的观战记录里，曾将擂争十番棋比喻为武士的生死决斗，也是理所当然。

　　不过，自古以来，文武两道并称，人也必须调和文武双方。只看重胜负斗争便会过度偏武，人格也会因此失去平衡。迄今为止，我都将围棋和信仰作为人生的两大支柱，一方面以棋士身份在残酷的胜负世界里奉行武道，另一方面则学习红卍字会的宗教思想和东方哲学，将其作为人生的指导，培养丰富的精神世界。我以如此形式实践着文武两道，其中的任何一方对我而言都极其重要，不可或缺。

　　围棋虽在争夺胜负这点上属于武道，但如果不拘泥于胜负得失，而是充分享受下棋的快乐，或者把留下杰出的棋谱视为一种创造，那就非常接近文化领域。据道教说，发明棋盘、棋子，原本是为了观测天文、占卜阴阳，所以围棋在起源当初便是一种文化。正因如此，围棋也近乎艺术。而在长时间的对局中，棋子即使被吃也未必会输，胜负并不取决于一时，这也显得较为平和。因为这些特性，围棋如果能在世界范围内普及，形成繁盛的国际围棋交流，也就必定能在促进国际友好与和平方面发挥巨大的作用。

刚来日本的几年里，我朝着成为一流棋士的目标一路奋进，眼中只有围棋。之后我与红卍字会结缘，在学习宗教和东方哲学的过程中，我逐渐意识到自己的使命就是通过围棋和信仰来促进中日两国的友好。从那以后，我最大的心愿便是希望日本以及中国大陆和台湾的人民能够早日远离政治纷争，和平而友善地共处。

战争结束后，我一度信仰玺宇，当时无论中国还是日本，都对我有很多负面评价，而来自战胜国中国的批判尤为强烈。即便如此，我也没有一天不在祈祷中日之间的和平。作为玺光尊的使者前往"中国代表团办事处"时，我提倡中日和平，结果自身反遭嘲讽奚落。战后，中国人对我的婚姻也议论纷纭，但我把自己的婚姻看作中日友好的象征，决心与日本妻子相伴一生。

作为一名棋士，我很幸运地留下了超越自身实力的成绩。通过这些成绩，我和以日本、中国为首的数十亿亚洲人形成了无形的纽带。这实在是莫大的幸福。能够在中日友好的历史上留名，远比得到巨额财富更使我高兴。仅凭这一点，我也有义务要留下无愧于后人的足迹。为了尽到这份义务，今后我同样不会沉溺于私欲而玷污名声，必须时时正行，无论去哪里都能问心无愧。

回首往事，其实东渡日本也并非出于我自己的选择，而是上天赐予的命运。为了完成这份使命，我竭尽全力奋斗至今。身为棋士而能留下超出实力的成绩，或许是神明认可了我的努力。而能够遇见濑越老师、桥本、木谷等良师益友，也令我深感幸运。

如今我已步入古稀之年。根据我研究的历法，今年（1984年）是"转关"的甲子年。甲子每六十载一度，而"转关"的甲子，两千五百年才会有一次。到去年（1983年）为止的两千五百年是"末法之世"，释迦牟尼、老子、孔子、耶稣等，都是"神"为了拯救"末法"而派遣到人间的使者。"末法"终结后的今年开始，世界的大趋势将会转变，人类会迈向没有争端、和平共处的光明之世。

我虽已从现役棋士中引退，但今后仍将从围棋和宗教这两方面，以新的形式为世界和平做出贡献。在这层意义上，我想让这"转关"的甲子元年成为自己崭新的出发之年。

吴清源年谱

1914 年　农历五月十九日出生于福建省。为父亲吴毅和母亲张舒文的第三子。本名吴泉，字清源。同年十月，全家移居北京。

1918 年　四岁起学习中国古代典籍。

1921 年　七岁时由父亲进行围棋启蒙。

1924 年　十岁。在海丰轩受五子与北京一流棋手首次对弈。

1925 年　父亲吴毅辞世，终年三十三岁。同年以少年棋手身份出入段祺瑞府邸。

1926 年　往来于漪澜堂、来今雨轩棋席，被誉为围棋天才少年而扬名北京。在日本人的俱乐部与日本人首次对弈。结识山崎有民。夏季，与访问北京的岩本薰六段对弈，受三子二连胜，受二子输二目。

1927 年　与来访北京的井上孝平五段以定先对弈，一胜一负一打挂。赴日留学事成。濑越宪作发来正式邀请函。

1928 年　即将东渡之际，与被派来北京的桥本宇太郎四段以定先对局，获二连胜。十月十八日，以十四周岁之龄与母亲、长兄一同渡日。拜濑越七段为师，成为桥本宇太郎的师弟。十二月，以假定三段进行段位认定，与本因坊秀哉名人对局，受二子赢四目。

1929 年　由日本棋院正式授予三段资格。在读卖新闻社的淘汰赛中击败十人。

1930 年　首次参加日本棋院的升段赛，春季七胜一败位列三等，秋季八战全胜位列一等。升四段。

1931 年　应木谷实五段之邀，成为西园寺公毅的信徒。

1932 年　春季升段赛中八战全胜，秋季七胜一败，升五段。在时事新报社的淘汰棋战中击败十八人。全年合计四十四胜五败，创最高胜率纪录。

1933 年　秋季升段赛起，较多运用与木谷共同研究的新布局，给围棋界带来布局的革命。十月，与本因坊名人进行纪念对局，执黑下出三三、星、天元的新布局，震惊天下。

1934 年　二十岁。升六段。

1935 年　十月，缺席秋季升段赛，赶赴天津，加入红卍字会。修行两个月后，成为道院修方（正式信徒）。

1936 年　四月，加入日本国籍，更名吴泉（Go Izumi）。春季升段赛八战全胜，但比赛过多导致健康受损，缺席秋季升段赛，开始养病。

1937 年　病情不见好转，六月起入住富士见疗养院。

1938 年　本因坊秀哉名人与木谷实七段展开名人"引退棋"，吴清源在病房担任对局解说。九月，病情恢复而出院。

1939 年　二十五岁。升七段。十月，与木谷实七段的擂争十番棋在镰仓建长寺拉开帷幕。棋界首度头衔战本因坊战开幕。与大岛丰、小田秀人等设立红卍字后援会。

1940 年　与木谷七段对决镰仓十番棋，在第六局以五胜一败将木谷降为先相先。红卍字后援会解散后，开始出入以峰村教平为教主的簧道大教。天元社出版《莫愁》一书。

1941 年　六月，在第一期本因坊战中位居第三。八月，与雁金准一八段开始擂争十番棋。与中原健一的女儿和子缔结婚约。母亲和妹妹回国。

1942 年　二月，在明治纪念馆举行婚礼。三月，为与红卍字取得联系，与小田秀人一起巡访中国各地五十天。与雁金八段的十番棋以四胜一败告终。升八段。

1943 年　前一年年末起，与藤泽库之助以让先展开擂争十番棋。

1944 年　三十岁。与藤泽七段的对方定先十番棋以四胜六败告终。第三期本因坊战循环圈赛中与濑越八段对局，此为战争结束前最后一场比赛。

1945 年　五月，在东京大空袭中房屋被烧毁，追随玺光尊迁徙各地。

1946 年　发生麦克阿瑟事件。经玺光尊授意，与桥本宇太郎展开擂争十番棋。比赛期间与玺宇一行搬去金泽市。丧失日本国籍。

1947 年　发生金泽事件，双叶山脱离玺宇。与桥本八段开始第一次十番棋，以六胜二败在第八局将其降为先相先。八月，濑越宪作向日本棋院递交"吴清源辞呈"。

1948 年　一月，与坂田荣男七段展开三番棋，获三连胜。跟随玺宇一行迁往八户。发生八户事件。七月，与岩本薰和本因坊（岩本薰）展开十番棋，至十一月时五胜一败将其降为先相先。十二月，离开玺光尊。

1949 年　三十五岁。二月，寄宿于湘南西幸太郎处。取得中国国籍。以六、七段棋士为对手的选拔十番棋开始。

1950 年　与六、七段棋士的选拔十番棋以八胜一败一和结束。二月，日本棋院赠予九段段位。三月，以七、八段的十三位棋士为对手展开选拔十番棋，得十胜三败。文艺春秋社出版《吴清源全集》，全十卷。与桥本本因坊以对方先相先展开第二次擂争十番棋。十月，移居箱根仙石原。

1951 年　八月，与桥本本因坊的第二次十番棋以五胜三败二和结束。与藤泽库之助九段展开十番棋和四番棋。

1952 年　与藤泽的十番棋战中，以六胜二败一和在第九局将对方降级。四番棋获四连胜。八月，受邀访问台湾，被授予"大国手"称号。在台湾时让六子与少年林海峰下指导棋。第三次与藤泽的十番棋以对方先相先开始。

1953 年　第三次与藤泽对决十番棋，以五胜一败在第六局将其降为定先而告终。母亲舒文再次来日本同住。五月，以对方先相先与坂田荣男进行六番棋，一胜四败一和，在番棋赛中首度失利。十一月，以对方先相先与坂田八段展开十番棋。

1954 年　四十岁。与坂田对决十番棋，以六胜二败在第八局将其降为定先而告终。

1955 年　离开箱根仙石原，迁居小田原。与高川本因坊（高川格）展开擂争十番棋。

1956 年　一月，长子信树诞生。与高川的十番棋以六胜二败在第

	八局将其降级。梅兰芳应朝日新闻社之邀来访日本，两人久别重逢。
1957 年	第一期日本最强决定战开幕。
1958 年	一月，长女佳澄诞生。二月，在与本因坊秀格的第四次三番棋时首尝败绩，终止十一连胜。五月，在第一期日本最强决定战中获胜。
1959 年	四十五岁。与本因坊秀格进行第五次三番棋，发生缓一手劫问题。在第二期日本最强决定战中名列第三。
1961 年	与本因坊秀格（高川格）进行第七次三番棋，七次合计十四胜七败而告终。第三期日本最强决定战与坂田并列第一。八月，在东京目白遭遇摩托车事故，之后住院治疗。
1962 年	一月，次子昌树诞生。八月，第一期名人战循环圈赛九胜三败，胜率与首位相同，但因有一局为和棋获胜，故屈居第二。受摩托车事故后遗症折磨，再度住院。
1963 年	因车祸后遗症，比赛时多为一边治病一边参赛。八月，第二期名人战循环圈赛得五胜三败，位居第二。
1964 年	五十岁。第三期名人战循环圈赛六胜二败，再度名列第二。
1965 年	身体欠佳，名人战循环圈赛中首次遭受七连败。同年，弟子林海峰成为挑战者，击败坂田荣男九段成为名人。与弟子林海峰一起受邀前往台湾，与蒋介石会面。母亲张舒文回到台湾。
1966 年	与读卖新闻社解除合约。离开小田原，移居东京。
1967 年	这年开始参加王座战。
1968 年	申请参加本因坊战，从而首次得知昭和二十二年（1947）

	时已被日本棋院除籍。同年开始参加职业十杰战。
1971 年	五十七岁。夫妇二人走访美国各地,为日本棋院募集会馆建设资金。
1972 年	开始参加十段战。
1973 年	平凡社出版《吴清源棋谱全集》,全四卷。
1978 年	十二月,母亲在台湾去世,享年九十岁。
1979 年	六十五岁。再次加入日本国籍。讲谈社出版《吴清源擂争十番棋全集》,全五卷。
1984 年	七十岁。正式从现役棋士引退。白水社出版回忆录《以文会友》。
1985 年	五月,战后首次访问中国大陆。
1986 年	香港中文大学授予荣誉文学博士。指导常昊、周鹤洋。
1987 年	获得勋三等旭日中绶章。
1988 年	作为日本文化围棋代表团的名誉顾问访问中国大陆,并前往福州给祖父扫墓。首届应氏杯世界职业围棋锦标赛举办,任裁判长。至 2009 年,连任六届应氏杯裁判长。
1993 年	发布《二十一世纪的围棋》。芮迺伟九段拜入门下。
1996 年	出任第三届应氏杯世界职业围棋锦标赛裁判长。担任 NHK 教育频道电视围棋讲座讲师,为期半年。
1997 年	为纪念香港回归,创办吴清源杯世界大学生围棋锦标赛,由上海市复旦大学主办。
1999 年	中华人民共和国建国五十周年造访沈阳。西班牙举办巴塞罗那吴清源杯淘汰赛。

2001 年　接受双眼白内障手术。六月访问中国东北。出席中日两国围棋爱好者的交流活动。八月受邀参加贵州省贵阳市的"2001 车轮战"。

2003 年　与林海峰、张栩三代旅日棋手出访台湾，台北市市长马英九授予荣誉市民奖章时拒绝接受。

2004 年　由田壮壮导演的传记《吴清源》开始拍摄。

2007 年　电影《吴清源》上映。

2009 年　入选日本棋院的围棋殿堂（类似名人堂），但认为自己还在修行，推辞不就，由濑越宪作入选。

2012 年　十二月二十七日，夫人吴和子（原名中原和子）病逝，享年九十岁。

在由日本棋院举办、职业棋士投票选举的"从古至今你最尊敬和喜欢的棋士（非现役）"活动中，吴清源荣获第一。

2013 年　吴清源下过的一手棋被棋士们评为"天来的妙手"。

2014 年　四月，中共北京市委、北京市政府为吴清源颁发特别荣誉奖。

七月，吴清源百岁生日庆祝活动在日本举办。

八月，中国对外友好协会为吴清源颁发和平发展贡献奖。

十一月，中国围棋协会为吴清源颁发围棋发展杰出贡献奖。为庆祝吴清源一百岁，在北京举办盛大的活动。国际易学联合会聘请吴清源为本会首届荣誉顾问。

十一月三十日，于日本神奈川县小田原市内去世。享年一百岁。

2015 年　七月二十二日，入选第十二届围棋殿堂。

译者后记

　　缥缈、清冽。这是川端康成对吴清源其人的形容。五年前初次接触吴清源先生的随笔，我就被其中蕴含的高迈而明澄的人格深深吸引。及至去年夏天，我接下了《吴清源回忆录：以文会友》一书的翻译，随着对书中一段段往事的理解，我才真切地体会到，那份高迈与明澄，实在是源于吴先生历经坎坷磨砺，却从未失其赤子之心。翻译的过程中，承蒙费卫东先生引见，我有幸向曾跟随吴清源学习的江铸久、芮迺伟两位九段请教。闲时，江九段在廊下散步，从容舒缓有如清风拂过，芮九段于灯下习字，正坐悬肘，行楷清丽、分毫不乱。在 AlphaGo 等人工智能崛起的时代，这些经由棋道修炼而成的人格之美，想必会更加显得难能可贵。

　　Mizuki、陶思伊两位朋友为我的翻译提供了不少宝贵意见，李伟、李晶两位先生和家舅陈阳指正了书中的部分围棋术语。另外，第一章濑越先生书信一则，是由我译出中文，复经王可万先生修改为民国信札措辞，第六章中的四首俳句，是我与同学罗敏先译出意思，再由严大可先生转译为汉俳，这两处因此增色良多。后浪的主编对我非常信任，编辑则为书中标题的翻译提供了诸多妙案。我谨在此向上述所有人表示感谢。书中疏漏在所难免，还望读者不吝赐教。

丁酉樱花遍开之时 陈翰希记于东溪山房

致 谢

感谢为本书出版提供帮助的

故吴清源老师的助手兼秘书、职业棋手牛力力五段
中国光华科技基金会苗怀忠先生
北京河山一局棋文化传播中心刘小淀先生

图书在版编目（CIP）数据

吴清源回忆录 : 以文会友 /（日）吴清源著 ; 陈翰希译 . -- 北京 : 北京联合出版公司 , 2017.5（2024.4 重印）
ISBN 978-7-5596-0376-0

Ⅰ . ①吴… Ⅱ . ①吴… ②陈… Ⅲ . ①吴清源 (1914—2014) —回忆录 Ⅳ . ① K833.135.47

中国版本图书馆 CIP 数据核字 (2017) 第 090247 号

吴清源回忆录 : 以文会友

著　　者：[日] 吴清源　　　　出 品 人：赵红仕
译　　者：陈翰希　　　　　　审　　订：牛力力
出版统筹：吴兴元　　　　　　选题策划：后浪出版公司
编辑统筹：梅天明　　　　　　责任编辑：肖　桓
特约编辑：石儒婧　张　茜　　营销推广：ONEBOOK
装帧制造：墨白空间 · 陈威伸

北京联合出版公司出版
（北京市西城区德外大街 83 号楼 9 层　100088）
嘉业印刷（天津）有限公司印刷　新华书店经销
字数 125 千字　889 毫米 ×1194 毫米　1/32　8.25（黑白）+1（彩色）印张　插页 6
2017 年 7 月第 1 版　2024 年 4 月第 4 次印刷
ISBN 978-7-5596-0376-0
定价：42.00 元

后浪出版咨询 (北京) 有限责任公司　版权所有，侵权必究
投诉信箱：editor@hinabook.com　　fawu@hinabook.com
未经书面许可，不得以任何方式转载、复制、翻印本书部分或全部内容
本书若有印、装质量问题，请与本公司联系调换，电话 010-64072833